Markus Gressmann/Stefan Jehn

Das Amundsen-Prinzip

Markus Gressmann/Stefan Jehn

Das Amundsen-Prinzip

Erfolgreiches Management nicht nur in Extremsituationen

REDLINE WIRTSCHAFT
bei verlag moderne industrie

Bibliografische Information der Deutschen Bibliothek
Die Deutsche Bibliothek verzeichnet diese Publikation in der Deutschen Nationalbibliografie; detaillierte bibliografische Daten sind im Internet über http://dnb.ddb.de abrufbar.

Copyright © 2003 REDLINE WIRTSCHAFT bei verlag moderne industrie, 80992 München
http://www.redline-wirtschaft.de

Alle Rechte, insbesondere das Recht der Vervielfältigung und Verbreitung sowie der Übersetzung, vorbehalten. Kein Teil des Werkes darf in irgendeiner Form (durch Fotokopie, Mikrofilm oder ein anderes Verfahren) ohne schriftliche Genehmigung des Verlages reproduziert oder unter Verwendung elektronischer Systeme gespeichert, verarbeitet, vervielfältigt oder verbreitet werden.

Umschlaggestaltung: simson&buß, München
Titelfoto: Roald Amundsen. Die Eroberung des Südpols, Band 2, München 1912 (oben). SV-Bilderdienst (unten)
Redaktion: Christl Hamberger
Satz: mi, J. Echter
Druck und Bindearbeiten: Himmer, Augsburg
Printed in Germany 24680
ISBN 3-478-24680-6

Inhaltsverzeichnis

Geleitwort 7
Vorwort der Autoren 9
1 Das Leben des Roald Amundsen 17
2 Das Amundsen-Prinzip 39
3 Die Erfolgskompetenzen zum Amundsen-Prinzip 53
   A Sachkompetenz 57
   B Selbstkompetenz 103
   C Sozialkompetenz 151
4 Statt einer Zusammenfassung: Amundsen und das Glück 201
5 Schattenzeiten/Schattenseiten 207
6 Schlusswort: Führen wie Amundsen? 221
I Faszination Antarktis 225
II Amundsens Vita 233
Literaturverzeichnis 237
Abbildungsverzeichnis 240
Stichwortverzeichnis 241

Geleitwort

Als die Autoren auf mich zukamen mit der Bitte, ein Geleitwort zu schreiben, dachte ich: „Amundsen – gab es da früher nicht diese Abenteuergeschichten mit dem kämpferischen Scott und diesem eher zurückhaltenden Amundsen, der dann trotzdem gewonnen hat?" Ich habe da Bilder vor Augen von Männern hinter Schneebrillen mit Eiszapfen in den langen Bärten. Der kalte Wind pfeift im Hintergrund, die Schlittenhunde jaulen, die norwegische Flagge wird mit steifen Fingern am Südpol gehisst.

Doch hinter diesen Bildern verbirgt sich einer, der nach heutigen Maßstäben als Topmanager gelten würde, der eben nicht auf einen Wettlauf reduzierbar und trotzdem fast in Vergessenheit geraten ist. Auf was lasse ich mich da ein, quasi die Patenschaft zu übernehmen – und überhaupt: Hat der nicht auch eine weniger vorzeigbare Seite? Hat er – wie ich inzwischen weiß. Wie, nebenbei bemerkt, wohl jeder Mensch und jeder Manager. Und von beiden Seiten dieses Amundsen kann ich lernen – wie es geht und wie es nicht geht.

Was hat das mit meiner heutigen Wirklichkeit im Management zu tun, die sich mehr in Konferenzräumen, auf Autobahnen und in der Luft abspielt (und zum Glück nur bei anspruchsvollen Autotests in Eiseskälte)? Wie Amundsen geht es auch mir um Qualität, um Sicher-Ankommen und Sicher-Zurückkehren, um Innovationskraft und letztlich um Erfolg. Dass dabei der weitsichtige Blick auf große Ziele mit vorbehaltloser Bereitschaft zu ständiger Verbesserung sämtlicher Details zusammengeht, macht für mich nicht nur die Faszination des Roald Amundsen aus, sondern auch die meiner Arbeit bei Volvo.

Erfolg und Misserfolg liegen für uns alle so dicht beieinander wie Konsequenz und Glück, wie Planung und Zufall. Eine Lehre, die im Alltag eines Managers jeden Tag erlebbar ist: Improvisationsvermögen und Flexibilität kommen erst nach der professionellen Planung und können niemals ein Ersatz dafür sein.

Vielleicht ist es das Skandinavische – eine Mischung aus Understatement und Innovationskraft –, das mich an Amundsen wie an unserer Marke fasziniert: Kraftvolle Ziele sind zugleich auch Wege zu Energie, bei mir selbst und bei meinen Mitarbeitern.

Ich wünsche diesem Buch viele Leser, die Inspiration und Orientierung in einem Beispiel gelebter Führungspraxis finden.

Stefan Müller
Vorsitzender des Vorstands
Volvo Deutschland AG

„Amundsen war der Größte, der Stärkste, der Tapferste und gewöhnlich auch der am besten Ausgerüstete, wenn plötzlich einmal Not am Mann war."

(F.A. Cook 1900)

Vorwort der Autoren

Wieso sollten Sie – viel beschäftigte Führungskräfte, Projektmanager oder Unternehmer – ein Buch über einen Menschen lesen, der vor 75 Jahren, am 18. Juni 1928, für immer im arktischen Nebel verschwunden ist?

Gut, er hat den so genannten „Wettlauf zu Südpol" gewonnen, die Nordwestpassage als Erster durchfahren, die Nordostpassage bezwungen und ist als Erster mit einem Luftschiff über den Nordpol geflogen. Aber reicht das aus, um ihn auf ein Podest zu stellen, ihn zum Vorbild für Manager des 21. Jahrhunderts zu erklären? Warum ausgerechnet dieser Amundsen?

Unsere Antwort lautet: Sie sollten dieses Buch lesen, weil da einer war, der seine Aufgaben im Griff hatte, der aus klaren Zielen scheinbar grenzenlose Motivation und Energie schöpfte, der andere

Vorwort der Autoren

mitriss und zu Erfolgen führte. Der zu Beginn des 20. Jahrhunderts die Sehnsucht nach einem Helden stillte und letztlich selbst zu einem tragischen Helden wurde. Und: Der Antworten von verblüffender Aktualität für heutige Fragestellungen parat hat.

Es ist nicht leicht, ein Held zu sein, und es war es schon gar nicht in einer Zeit, in der Anstrengung und Opferbereitschaft mehr zählten als Professionalität. Aber Roald Amundsen wollte nicht in erster Linie Held sein – insbesondere kein toter Held. Er wollte vor allem Entdecker sein, erfolgreich und lebendig – und das ist ihm viele Jahre lang gelungen.

Wenn wir seine Expeditionen nachvollziehen, öffnet sich eine Schatzkammer der praktischen Führungslehre. Sie werden lesen und verstehen, wieso Roald Amundsen zum Vorbild taugt, gerade jetzt und heute in einer komplizierten und widersprüchlichen Welt. Das Vorbild eines gelebten Lebens zählt für uns mehr als jede Theorie.

Wir sind (wie wahrscheinlich auch Sie, liebe Leser) keine Polarforscher und keine Grenzgänger in Extremsituationen. Wir haben uns lernend und anerkennend der Ausnahmegestalt des Roald Amundsen genähert und ausgewertet, was er selbst und seine zahlreichen Biographen, Bewunderer und Kritiker zu Papier gebracht haben. In bester Tradition des Roald Amundsen haben wir Wissen und Erfahrungen gesammelt und in einen neuen Zusammenhang gestellt, mit eigenen Erfahrungen aus anderen Disziplinen verknüpft und den Transfer auf die heutige Führungswirklichkeit gewagt.

Roald Amundsen hatte ein großes Problem: Er konnte den Wunsch der Öffentlichkeit nicht erfüllen, über Leid und Entbehrung zum Erfolg zu kommen. Oder noch besser: darin umgekommen zu sein und dafür postum auf ein Denkmal gestellt zu werden. Gerade seine Eroberung des Südpols zwischen 1910 und 1912 zeigt: Unmenschliche Entbehrungen und Opfermut braucht nur der, der schlampig vorbereitet ist. Und das war Amundsen nie – im krassen Gegensatz zu Robert Falcon Scott, seinem englischen Kontrahenten auf dem Weg zum südlichsten Punkt der Erde. Weil aber Scotts Fehler (es waren in erster Linie Führungsfehler und ein unsauberes Projektmanagement) so offensichtlich waren und Amundsens Weitsicht und Professionalität Scotts Fähigkeiten so weit überstiegen, hat es in Dutzenden von Veröffentlichungen Autoren gereizt, dieses Spannungsverhältnis nachzuvollziehen. War Amundsen der trickreiche Norweger, der den ruhmreichen Scott um seinen verdienten Sieg mit unlauteren Mitteln (Hundeschlitten, Fellkleidung, Vitamin C) gebracht hat? War Scott ein Synonym für ein untergehendes Weltreich, in Prinzipien und Traditionen erstarrt, unfähig zur Innovation?

Diesen Fragen werden wir nicht nachgehen, weil wir Roald Amundsen in den Mittelpunkt unserer Betrachtungen stellen – und seine Leistung nicht relativieren wollen angesichts einer Gruppe unglücklicher Menschen, die zufälligerweise zur gleichen Zeit am gleichen Ort unterwegs waren.

Auch Amundsen hatte Vorbilder – zuallererst Sir John Franklin, der die kanadische Eismeerküste erforscht hat und später beim dritten Durchquerungsversuch der Nordwestpassage ums Leben gekommen ist. Seine Lebensgeschichte hat Roald Amundsen schon mit 15 Jahren verschlungen. „Die begeisternde Erregung, mit der ich sie las, blieb für mein ganzes Leben bestimmend" (Amundsen 1929, S. 10).

Forschen bis zum letzten Atemzug – hier klingt eine Saite in Roald Amundsen an, die sich weiter verstärkte, als er 1889 Fridtjof Nansen bei der Rückkehr von dessen erster Grönlanddurchquerung nach Kristiana, dem heutigen Oslo, zujubelte. Plötzlich wurde der norwegischen Öffentlichkeit deutlich, dass Nansen kein Spinner, sondern ein Visionär, gleichzeitig ein Perfektionist in der Vorbereitung und ein ausgezeichneter Sportler war.

Amundsen ging wie in Trance im Fahnenmeer von Nansens Triumphzug umher „... und alle Träume meiner Kindheit erwachen zu pulsierendem Leben. Und zum ersten Mal hörte ich in Gedanken das klare und eindringliche Flüstern: Wenn Du die Nordwestpassage meistern könntest" (nach: Huntford 1989, S. 4).

Sir John Franklin. *„Seltsam, dass gerade die Beschreibung solcher Entbehrungen, die er und seine Leute zu erdulden hatten, (mich) am meisten fesselte" (Amundsen 1929, S. 10). Sicherlich ein eher jugendlicher Blickwinkel, den Amundsen schnell revidierte, als ihm durch eigene Erfahrung klar wurde, dass Abenteuer (= Leiden) unnötige Folgen schlechter Vorbereitung sind.*

Vorwort der Autoren

Fridtjof Nansen. "Dieser geniale Forscher, dieser klar denkende und weit schauende Wissenschaftler und Sportsmann brachte eine vollständige Umwälzung in Plan und Ausführung der Polarexpedition hervor. Gegen 40 Jahre stand seine glänzende Methode als ein Standard da für alle Polarfahrten. Was mich persönlich betrifft, so hat all meine Arbeit ... auf Nansens Methode Fuß gefaßt. (Immer) ... kehren meine Gedanken zu dem Manne zurück, der in meiner frühesten Jugend als mein höchstes Ideal dastand ... zu Fridtjof Nansen" (Amundsen, nach: Arnesen 1931, S. 202). Nicht umsonst erhielt Nansen 1922 für seinen Beitrag zu Norwegens friedlichem Weg in die Unabhängigkeit und seinen humanitären Einsatz für Kriegsgefangene während des ersten Weltkriegs den Friedensnobelpreis.

Franklin und Nansen – aus der zufälligen Kombination beider Eindrücke wurde das starke Ziel: „Ich werde die Nordwestpassage nach 400 Jahren erfolgloser Versuche als erster Mensch durchfahren." Ein Leben als Entdecker wollte Amundsen führen, und das musste so perfekt vorbereitet sein wie Nansens Durchquerung Grönlands und die gleiche geographische Brisanz haben wie Sir Franklins Nordwestpassage. Die Leidenschaft eines ganzen Lebens hatte ihren Anfang gefunden.

Von anderen lernen, sich inspirieren und motivieren lassen und daraus eigene Wege entwickeln, das ist der Reiz der Orientierung an Vorbildern.

Der letzte Anstoß kam von Eivind Astrup, der 1891 bis 1892 mit Robert Peary (dem späteren offiziellen Nordpolbezwinger) das nördliche Grönland durchquert hat – eine entbehrungsreiche und letztlich triumphale Odyssee. 1893 sprach dieser heute weitgehend vergessene Astrup vor Studenten in Kristiana – und natürlich vor einem glühenden Bewunderer seiner Leistung – und gab damit Amundsen einen weiteren starken Impuls, den eigenen Traum wahr zu machen.

Roland Amundsen. „Ich werde nie den Gesichtsausdruck Amundsens während Ernests Rede vergessen. Seine scharfen Augen waren auf ihn fixiert und als Ernest ‚zahllos sind die Wege auf der Welt' zitierte, wurde Amundsens geheimnisvoller Blick sanft; es war der Blick eines Mannes, der eine Vision sah" (Lady Shackleton über R. Amundsen 1909, nach: Huntford 2000, S. 203).

Vorwort der Autoren

Wie alle menschlichen Vorbilder hatte auch Roald Amundsen Stärken und Schwächen, er durchlebte Jahre, in denen er zu Erfolgen förmlich flog, und dann wieder Phasen der Niederlage, ja fast der Depression. Er war eine inspirierende Persönlichkeit, durchaus mit Widersprüchen – aber genau daraus entstehen ja Spannung und Glaubwürdigkeit, nicht aus steriler Perfektion und absoluter, die Kurven des Lebens ignorierender Geradlinigkeit.

Roald Amundsen taugt zum Vorbild – kantig und unbequem, ungemein erfolgreich und beliebt bei seinen Mitarbeitern. Er hat durch Zielorientierung, Komplexitätsbewältigung und Menschlichkeit Maßstäbe für Führungskräfte gesetzt und verkörpert Kraft, Energie und Teamfähigkeit – als Modell für ergebnisorientierte Führung sucht er seinesgleichen.

Vorbilder zu haben gilt manchem als unzeitgemäß – schließlich geht es doch um die Entwicklung einer eigenständigen Persönlichkeit. Aber wozu jedes Rad neu erfinden, warum auf Orientierung bei der Entwicklung eigener Ziele fahrlässig verzichten? Ohne Ziele machen wir uns von Zufällen abhängig – Vorbilder können ein wichtiger Schlüssel zum Ziel sein.

Wenn wir in diesem Buch Amundsens Jahre seiner Südpolentdeckung in den Mittelpunkt der Betrachtung stellen, dann weil hier fast unter Laborbedingungen eine Führungskraft – die gleichzeitig ein Projektmanager war – bei der Arbeit verfolgt werden kann. Unabhängig von Ort und Zeit, unabhängig davon, ob es sich um Alltags- oder Extremsituationen handelt – sein Zugang zu Führung und Projektmanagement besteht gegenüber Leadership-Lifestyle- und Hochglanz-Helden. Eine derartige Extremsituation beschleunigt und intensiviert die Prozesse, macht sie anschaulicher und reduziert sie auf das Wesentliche. Charakterzüge werden offen gelegt und Konturen werden schärfer geschnitten – Verborgenes kann nicht mehr unterdrückt werden und alltägliche, verschleiernde Konventionen werden fortgerissen. Amundsen stand schutzlos da – die eisige Wüste legte den Kern seiner Persönlichkeit frei. Und so bringt er in die Diskussion theoretischer Führungsmodelle eine große Dosis Praxis, Realität und Glaubwürdigkeit ein.

Uns als Unternehmern, Führungskräften, Projektmanagern, Coaches und Trainern dient Amundsen als wertvolle Quelle der praktischen Führungslehre – seine Erfahrungen, verdichtet im Amundsen-Prinzip und den daraus abgeleiteten Erfolgskompetenzen, transportieren immer wieder Motivation und Orientierung für uns selbst, für unsere Mitarbeiter und unsere Geschäftspartner. Er hat uns motiviert, unseren eigenen Südpol zu suchen und uns auf das, was wir für uns als Ziel gefunden haben, in der richtigen Intensität und Konsequenz vorzubereiten. Er hat uns vor Augen geführt, dass es richtig ist, auf Profis zu setzen, auf kleine, schlagkräftige Teams, die, auf ein starkes Ziel hin konzentriert, alles schaffen können.

Wir wünschen Ihnen, liebe Leserin und lieber Leser, dass sie an der Energie teilhaben, die diese Persönlichkeit noch 75 Jahre nach ihrem Verschwinden im Polarnebel verströmt.

Markus Gressmann   Stefan Jehn

"Angegok angi", der große Zauberer – so nannten die Oglulis, ein Eskimostamm im Nordem Kanadas, Roald Amundsen.

Das Leben des Roald Amundsen

Betrachten wir Herkunft und Stationen einer historischen Persönlichkeit, so öffnet sich unser Blick, um Lernchancen und „Best Practice"-Ansätze für Führungskräfte und Projektmanager auch in der Vergangenheit zu finden. Vielleicht werden wir sogar eher in der Vergangenheit fündig als in heutigen Chefetagen. „Zukunft hat Herkunft" – das galt nicht nur für Roald Engebreth Gravning Amundsen, es gilt für uns auch heute. Lassen Sie sich vom folgenden Kapitel inspirieren, auch in der eigenen Herkunft zu suchen und die eigene Entwicklung hin zum heutigen Status in Abschnitte zu fassen und zu reflektieren. Was wird man über Sie und uns in 75 oder 100 Jahren schreiben?

Die Ahnen – 1668 bis 1872

1668 heiratete Niels Michelsön die Tochter eines reichen Grundbesitzers und legte als erfolgloser Bauer, der sich als Fischer etwas dazuverdienen musste, die Wurzeln für Generationen von Seefahrern. Dass er bei dieser Nebenbeschäftigung ertrunken ist, hinderte folgende Generationen nicht daran, es ebenfalls mit der Seefahrt zu versuchen. Vier Generationen später war es Amund Olsen, dem Ende des 18. Jahrhunderts erstmals großer wirtschaftlicher Erfolg beschieden war. Seine Fahrten führten ihn auf dem Seeweg entlang Europas Küsten. Seine Kinder und Enkel wurden allesamt Kapitäne, Schiffsbauer und Reeder und nannten sich nach Amund Olsen künftig Amundsen – Söhne des Amund.

Sie waren zielstrebig, erfolgreich und voller Ideen und zogen reiselustig durch die ganze Welt. Und immer wieder kehrten sie voller Ideen nach Norwegen zurück.

Roald Amundsen kam aus einer Seefahrerfamilie, die über Generationen ein respektables Vermögen aufgebaut hatte und daraus Stolz und Selbstbewusstsein schöpfte. Neben der Konzentration auf die Seefahrt war es auch die Bereitschaft, immer dazuzulernen, die Menschen wie Roalds Urgroßvater Knut Amundsen dazu gebracht hatte, auf seiner Werft in den beschäftigungsarmen Wintermonaten ausgerechnet englische Eisenpflüge und Mähmaschinen nachzubauen – oder ehrlich gesagt, illegal zu kopieren. Gut, dass Amundsens englische Kritiker (und Scott-Bewunderer) dieses pikante Detail nie ausgegraben haben. Aber Knut Amundsen war auch bekannt dafür, dass er immer wieder neu investierte und seine Betriebe nach kurzer Zeit wie von allein arbeiteten.

Roalds Vater Jens – ein besonders energischer Amundsen – orientierte sich damals nach China und bezahlte für einen Ausflug in die Welt des Sklavenhandels mit einem Axthieb ins Gesicht, Folge eines Ausbruchsversuchs seiner „Mitarbeiter". Dieser Appell hatte Folgen und die Eltern kehrten nach Norwegen zurück, wo 1872 Roald (altnordisch: „der Ruhmreiche") als viertes Kind in diese geschäftige und ambitionierte Familie hineingeboren wurde.

Roald Amundsens Eltern. Sie galten als sehr leistungsbewusst, insbesondere seine Mutter, die ihren Mann und ihre vier Söhne zu Pflichtbewusstsein und Disziplin anhielt. Ihre eher robuste Art zeigte sich etwa, als sie die Axtverletzung am Kopf ihres Mannes mit ordentlichem Zwirnsfaden selbst vernähte.

Kindheit und Jugend – 1872 bis 1889

Selbst für die Zeit des ausgehenden 19. Jahrhunderts war Roald Amundsens Lebensweg nicht gerade typisch – die Wurzeln dafür finden sich sowohl in seiner Herkunft als auch in Begegnungen, Eindrücken und Erlebnissen aus seiner Kindheit und Jugend.

Roald Amundsen wurde am 16. Juli 1872 in Tomta auf der Insel Borge, in der Einfahrt des Oslo-Fjords und mitten im alten

Wikingerreich, geboren. Er wuchs als jüngster Sohn mit drei älteren Brüdern wohl behütet auf, in einer Welt der Seefahrt und mitten in der Natur. Auf der Werft der Familie hatte er engen Kontakt zu Seeleuten, die ihm von Abenteuern in fernen Ländern berichteten und von denen sich der kleine Roald schon früh ihre Seekarten und Logbücher zeigen ließ.

Und dann waren da noch die gründlichen, eher nüchternen norwegischen Handwerker, deren Arbeit ihn faszinierte.

Roald Amundsen als Schulbub. „Ich möchte auch lieber mit dem Hammer arbeiten als mit der Feder", vertraute der Junge dem alten Tischler Olsen an, der in der Werft von Amundsens Vater arbeitete. „Mein lieber kleiner Freund, der Hammer ist eine feine Sache. Es stimmt, daß der Mensch alles mit der Hand gemacht hat, aber das verdankt er doch letzten Endes seinem Kopf, nicht wahr? ... Man kann schwer sagen, was nützlicher ist, der Kopf oder die Hand." „Und was soll man tun?" „Das eine und das andere benutzen". (nach: Calic 1961, S. 27f.)

Roalds Eltern orientierten sich bald stärker nach Kristiana, dem heutigen Oslo, der Vater engagierte sich politisch und wechselte in die Rolle eines königlichen Beamten. Dort in der Hauptstadt fühlte sich Roald nicht wohl, und schon gar nicht, als er mit neun Jahren auf das Gymnasium wechselte. Wenig engagiert tat er hier das Notwendigste, sehnte sich aber sehr nach seiner Zeit auf den Werften und in die kargen Berge von Borge zurück. Aus seiner Langeweile im Haus der Eltern flüchtete er in die reichhaltige Bibliothek des Vaters und in öffentliche Büchereien. Reiseberichte, historische Karten, Heldengeschichten hatten es ihm angetan.

Kindheit und Jugend – 1872 bis 1889

Aber auch in Kristiana gab es einen großen Hafen mit Wal- und Seehundsfängern, die von hier aus in ihre Fanggründe in der Arktis ausliefen – hier trieb er sich häufig herum, um mehr über die Seefahrt zu lernen.

Als Roald 14 Jahre alt war, starb 1886 sein Vater auf einer Überfahrt zwischen England und Norwegen. Roald hatte ihn insbesondere für seine Tatkraft und für sein Selbstbewusstsein sehr bewundert und musste nun erleben, dass seine älteren Brüder schnell das Haus verließen und den üblichen Weg als Kaufleute und Seefahrer einschlugen. Er selbst blieb mit seiner Mutter zurück, die den Besitz auf Borge verkaufte und mit Roald ganz nach Kristiana zog. Sie war eine robuste, zielstrebige, fordernde Dame, angeblich sogar mit Eskimo-Vorfahren. Nach ihrem Willen sollte Roald Medizin studieren und dieses Versprechen nahm sie ihrem jüngsten Sohn auch ab. Roald wusste jedoch insgeheim, dass er den Beruf des Arztes niemals ergreifen würde, zu sehr faszinierte es ihn, das Leben eines Forschers und Entdeckers zu führen. Ausgangspunkt für diesen Entschluss war ein Zufall – in zwei vergilbten Büchern fand er die Antwort auf seine bisher noch offene Frage, wohin er sich denn orientieren könnte: Sir John Franklins Reisen an die Küsten des Polarmeers. Und ein Fieber, das Nordwestpassage hieß, ergriff ihn – seit über 400 Jahren waren alle Expeditionen an der Passage, die den Atlantik und den Pazifik über eine nördliche Route verbindet und den Weg zur Westküste Amerikas halbiert, gescheitert. Beeindruckt von der Überwindung zahlreicher Schicksalsschläge und getrieben von jugendlichem Idealismus, wünschte er sich, Ähnliches zu erleben.

Stellen Sie sich vor: Da bewundert ein junger Mann einen Manager für seine Leidensfähigkeit, für den bedingungslosen und grenzenlosen Einsatz für die Ziele des Unternehmens, für die Bereitschaft, sich bis zum letzten Atemzug Entbehrungen aufzuerlegen, die Gesundheit und die Familie völlig hinten anzustellen.

Diese Verklärung Roalds legte sich später allerdings schnell, als ihm die Ursprünge dieses Martyriums aufgingen: Sir John Franklin galt, was die Planung und Ausrüstung anbelangt, als einer der großen Dilettanten der Polarforschung.

Die Orientierung – 1889 bis 1896

Endet die Jugend, wenn die Vision eines Lebensziels Formen annimmt? Zumindest ändert sich die Lebensführung: Weil er von den Entbehrungen und Belastungen gelesen hatte, nutzte Roald Amundsen jeden Freiraum, um sich mit sportlichen Betätigungen abzuhärten und auf die großen körperlichen Herausforderungen vorzubereiten. In den Wäldern und Bergen rund um die Hauptstadt war er manchmal bis zu 50 Kilometern am Tag auf Skiern unterwegs und wanderte bis in die Nacht hinein.

16 Jahre alt war Roald Amundsen, als am 30. Mai 1889 sein Bild noch mehr an Kontur gewann: Fridtjof Nansen kehrte von seiner erfolgreichen Grönlanddurchquerung zurück und wurde frenetisch gefeiert. Nansen, ein Multitalent und Generalist – Zoologe, Museumsdirektor und Weltrekordhalter im Eisschnelllauf –, hatte sich einen Traum erfüllt. Als seine Pläne damals bekannt geworden waren, war er wegen der Unmöglichkeit seines Vorhabens ausgelacht worden, und nun war er ein Volksheld.

Alle Ideale des jungen Roald Amundsen kamen bei Nansen in einer Person zusammen: körperliche Kraft, Selbstvertrauen, Mut und Abenteuerlust, Perfektion in Planung und Umsetzung einer großen Idee. „Was ist meine große Idee?", fragte er sich in diesem Moment. Und er wurde fündig: natürlich die Nordwestpassage.

Die Orientierung – 1889 bis 1896

Amundsen und Nansen auf der „Fram". Nansen galt als Förderer und Vorbild für Amundsen – dies bezog sich aber vorrangig auf Nansens Seite als Entdecker. Nansens politisches Engagement berührte Roald Amundsen eher wenig.

Der Mutter zuliebe setzte er sein Studium fort und absolvierte nebenbei den kurzen und intensiven Militärdienst, den er als Möglichkeit der sportlichen Betätigung verstand. Überraschend verstarb seine Mutter 1893 an einer Lungenentzündung. Roald Amundsen war 21 Jahre alt und brach sofort das Studium ab, um sich von nun an ganz der Polarforschung zu widmen. Doch zuvor brauchte es noch mehr akribische Vorbereitung, weit über das Übliche hinaus. Ein solche Aufgabe verlangt Kompetenzen, die nicht an Schulen oder Universitäten gelehrt werden. Bei seiner Lektüre von Erfahrungsberichten der Forscher, Entdecker und Seefahrer der vergangenen Jahrhunderte stellte Amundsen immer wieder fest, dass die Trennung zwischen der Rolle des Expeditionsleiters und der des Kapitäns gerade in Krisen immer wieder zum Scheitern der Unternehmungen geführt hatte. Es war also konsequent und nahe liegend, selbst erst den Weg zu gehen, Kapitän zu werden – und zwar in der harten Praxis der im Eismeer vor Island und Grönland kämpfenden Seehundjäger und Fischer, an der Grenze zum Polareis, und nicht auf dem üblichen Weg, die Seeakademie Norwegens zu besuchen. Er wusste, ohne Erfahrungen auf See, mit Hundeschlitten im Eis, als Navigator, Steuermann, Kapitän oder Expeditionsteilnehmer würde er als Expeditionsleiter nicht akzeptiert werden.

Natürlich wurden seine Bewerbungen abgelehnt, als Medizinstudent an polaren Expeditionen teilzunehmen, also unternahm er unter abenteuerlichen Bedingungen winterliche Skifahrten in Norwegen und heuerte schließlich als Matrose auf einem Robbenfänger namens Magdalena an. Sein Steuermannsexamen schloss er wenig später auf der Valborg ab. Es folgte eine extreme Skitour durch die norwegische Hochebene, das Hardangervidda-Plateau, in deren Verlauf er und sein Bruder einige Tage als vermisst galten und die ihm zeitlebens als Warnung für schlechte Vorbereitung und folglich fast katastrophale Folgen diente.

Sein Bruder rettete ihm das Leben, als er über Nacht in seinem Schlafsack derart eingeschneit worden war, dass er sich ohne Hilfe nicht mehr befreien konnte und zu ersticken drohte. Bei starkem Schneefall ließ sich Roald umstimmen, umzudrehen und den bekannten Weg zurückzulaufen. Später stellte sich heraus, dass dies nur etwa 100 Meter vor dem Ziel geschehen war – der Rückweg selbst war über 100 Kilometer lang.

Nach einigen Monaten als Steuermann wiederum auf einem Robbenfänger lief Amundsen mit seinem Schiff durch Zufall den Hafen an, in dem ein belgischer Marineoffizier ein ehemaliges norwegisches Zwergwalfängerschiff für eine antarktische Expedition überholen ließ und auf den Namen „Belgica" umtaufte. War dies wirklich ein Zufall oder lediglich Folge klarer Ziele, die ihn suchen ließen nach Gelegenheiten?

Amundsen bewarb sich und wurde als zweiter Steuermann angeheuert. Zur gleichen Zeit bereitete sich sein großes Vorbild Nansen auf den Marsch zum Nordpol vor – und scheiterte knapp, wurde bei seiner Rückkehr, nach einer fast zweijährigen Odyssee, aber wiederum als Held empfangen.

Die erste Expedition in die Antarktis – 1897 bis 1899

Vom 23. August 1897 bis zum März 1899 war Amundsen mit der Belgica unter der Leitung von Adrien de Gerlache unterwegs – eine gute Gelegenheit, wertvollste Lernerfahrungen zu sammeln, vor allem welches Verhalten man als Polarforscher und Kapitän in der Antarktis dringend unterlassen sollte. Er erlebte die erste antarktische Schlittenreise überhaupt, das erste Lager einer Antarktisexpedition und auf dem Höhepunkt der Reise eine katastrophale, einjährige Überwinterung mit der Belgica in der Eisdrift. Während die Besatzung um ihn herum (inklusive Kapitän) an Skorbut und psychischen Zusammenbrüchen litt, beobachtete Amundsen die Vorfälle nüchtern und sachlich und hielt in seinem Tagebuch fest, was er später auf seinen eigenen Expeditionen anders tun werde. Die Belgica wurde Amundsens Polarschule – und Dr. Cook, der Schiffsarzt, (der amerikanische Grönland-Experte und spätere Wettläufer gegen Robert Peary zum Nordpol) in vielen Feldern sein Lehrmeister. Gemeinsam mit Dr. Cook wurde Amundsen mit seinem Wissen, seiner Lernfähigkeit und seinem Durchsetzungsvermögen zum Retter der Expedition. Verärgert über die Inkompetenz de Gerlaches verließ Amundsen bei erster Gelegenheit die Belgica und trat mit einem Postschiff die Heimreise an.

Adrien de Gerlache. Amundsen vermied sein Leben lang, Kommentare oder Zitate zu Adrien de Gerlache abzugeben – zu sehr war er enttäuscht und entzürnt über die seltene Mischung aus Wehleidigkeit und Inkompetenz des Kapitäns der Belgica, auf der Amundsen erste Antarktiserfahrungen gesammelt hatte.

Nordwestpassage – 1899 bis 1906

Schnellstmöglich schloss Amundsen seine Ausbildung als Seemann ab, erwarb das Kapitänspatent, bildete sich in Navigation und Erforschung des Erdmagnetismus fort und nahm Kontakt mit Nansen auf, um ihn als Mentor und Förderer zu gewinnen. Die größten Hindernisse auf dem Weg durch die Nordwestpassage waren finanzieller Natur – auch die Gewinnung von Förderern und Gönnern mithilfe der Medien wollte gelernt sein. Akribisch bereitete er sich vor, studierte jegliche Veröffentlichung und wählte ein kleine und professionelle Mannschaft aus. Von 1903 bis 1906 war er mit seiner nur sechsköpfigen Mannschaft auf der „Gjöa" (einem ehemaligen Heringsfänger) unterwegs, bestimmte die (wandernde) Lage des magnetischen Nordpols und vollendete als erster Mensch die Durchfahrt durch die Nordwestpassage. Die wirtschaftliche Bedeutung dieser Verbindung als Verkürzung des Seewegs zur Westküste der USA und nach China war durch die Eisverhältnisse zwar unwesentlich – es galt aber, einen weißen Fleck auf der Landkarte zu tilgen. „Was immer in dieser unserer Welt dem Menschen unbekannt bleibt, drückt lastend auf den menschlichen Geist" (Amundsen 1929, S. 247).

Amundsen mit seiner Mannschaft auf der „Gjöa". Es war sein erstes eigenes Kommando, auf eigenem Schiff und gleich durch eine Passage, die vor ihm noch niemand bewältigt hatte. Hintere Reihe (von links): Godfred Hansen, Anton Lund, zwei Lotsen. Vordere Reihe (von links): Roald Amundsen, Peter Ristvedt, Adolf Lindström, Helmer Hanssen

Später sagte Amundsen, dass die Durchquerung der Nordwestpassage seine größte Leistung gewesen sei – die Gjöa war für ihn zum Erfolgserlebnis und zur Verwirklichung eines Traums geworden, der ihn über 14 Jahre lang beschäftigt hatte. Doch das nächste Ziel ließ nicht lange auf sich warten: Nach dem magnetischen sollte es nun auch der bis dahin unbetretene geographische Nordpol sein.

Vom Nordpol zum Südpol – 1907 bis 1912

Es schlossen sich Jahre der Vortragsreisen an, durch Europa und vor allem durch die USA. Die dabei erworbenen Mittel sollten Amundsen bei der Planung des nächsten Vorhabens helfen. Mit Nansens Segen begann er 1908 seine neuen Planungen mit der gleichen Akribie wie die Vorbereitungen zur Nordwestpassage – nur, dass er diesmal bekannter war und Nanses Schiff „Fram" für eine Nordpolfahrt zur Verfügung gestellt bekam. Da Cook und Peary Anfang 1909 unabhängig voneinander behauptet hatten, den Nordpol erreicht zu haben, geriet Amundsen in Bedrängnis. Aus verständlicher Berechnung hatte er öffentlich behauptet, dass wissenschaftliche Ziele für eine Nordpolfahrt im Vordergrund stünden – in Wirklichkeit ging es ihm aber darum, wiederum als Erster etwas Großartiges zu leisten. Amundsen war kein Wissenschaftler, auch seine akademische Ausbildung als Arzt hatte er bei erster Gelegenheit abgebrochen – geblieben war eine gründliche Skepsis gegenüber dem Wissenschaftsbetrieb. Aber Amundsen wusste auch, dass Entdeckung der Entdeckung wegen wenig hoch im Kurs stand – zumindest bei Geldgebern und Meinungsführern. Jede öffentliche Änderung seines Plans hätte seine Geldgeber verschreckt und Nansen (der selbst noch mit einer Südpolexpedition liebäugelte) gegen ihn aufgebracht. Und ohne Geld und ohne „Fram" war eine Expedition unmöglich.

Also sang er fröhlich das Lied wissenschaftlicher Interessen – gab aber hinterher offen zu: „Auf diesem Abstecher muß die Wissenschaft für sich selbst sorgen"(Amundsen 1912, S. 142).

Also suchte Amundsen einen Ausweg, nicht dritter Mensch am Nordpol zu sein und dafür den Respekt der Wissenschaft zu bekommen – und wurde schnell fündig bei einem alten Ziel, das ihm schon lange durch den Kopf ging: dem Südpol. Die „Erweiterung seines Plans" nannte er es, denn er wollte über den Südpol zum Nordpol fahren. Nansen hatte Amundsen zu Recht als einen Mann bezeichnet, der nicht lange um Erlaubnis fragt, wenn er ein Ziel für sich als richtig erkennt – also stürzte er seine Förderer und Kritiker in eine heftige Auseinandersetzung, als er einfach losfuhr ist und seinen Bruder in Norwegen verkünden ließ: „Neuer Kurs: Südpol." Und erst auf dem letzten Zwischenstopp auf Madeira weihte er auch seine Besatzung ein – und sie folgte ihm ohne ein Zögern auch zum neuen Ziel: 90° Süd.

Zur gleichen Zeit war Robert Falcon Scott mit der „Terra Nova" in Richtung Südpol unterwegs – im Gepäck die Erwartungshaltung einer ganzen Nation. Das britische Empire hatte schon bessere Tage gesehen, es hungerte nach Helden, nach Orientierung und auch nach Opfermut.

Aus zwei unterschiedlichen Expeditionen mit gleichem Ziel (beide betonten offiziell die rein wissenschaftlichen Ziele – in Wirklichkeit ging es ihnen erstens, zweitens und drittens darum, als Erste am Südpol zu stehen) war ein Wettrennen geworden.

Was folgte, war ein mehr als ungleicher Wettlauf zwischen zwei Mannschaften, deren Führer sich niemals zu Gesicht bekommen haben, zwischen zwei Weltanschauungen und zwei Nationen – mit bekanntem Ausgang: Amundsen stand am 15. Dezember 1911 am Pol, dank seiner überlegenen Planungs- und Führungskompetenz. Robert Falcon Scott folgte einen Monat später – war aber durch Vorbereitungsfehler bereits zu diesem

„Framheim", das Winterquartier und Ausgangslager für den Wettlauf zum Südpol. Auch hier folgte Amundsens Planung dem Motto „Das Bessere ist ein Feind des Guten" – die Vollkommenheit der Berechnung seiner Ausrüstung und seiner Routenplanung war für ihn eine Selbstverständlichkeit.

Vom Nordpol zum Südpol – 1907 bis 1912

Am Südpol angekommen. Nach kurzer Freude galt alle Aufmerksamkeit dem Rückweg – ohne auch hier erfolgreich zu sein wäre das Ziel nicht wirklich erreicht worden.

Zeitpunkt rettungslos verloren und kam auf dem Rückweg gemeinsam mit seinen Gefährten ums Leben.

Intermezzo – 1913 bis 1917

Nach seiner Rückkehr vom Südpol genoss Amundsen den Triumphzug durch Europa und die USA. Eine Berufung zum Professor lehnte er aufgrund seiner Skepsis gegenüber dem akademischen Betrieb ab. Er fand großes Interesse an der Fliegerei, weil er sah, dass so die großen Distanzen zu den Süd- und Nordpolen dieser Welt leichter zu überbrücken sind – und weil für ihn nicht der Weg das Ziel war, sondern ein Ziel erreicht werden sollte und der Weg dahin eher sekundär war. Als erster Norweger erwarb er den zivilen Pilotenschein (und überlebte eine massive Bruchlandung, nur um kurz darauf erneut in ein Flugzeug zu steigen), gab unter dem Eindruck des ersten Weltkriegs alle deutschen Orden zurück, die ihm in Anerkennung seiner Leistungen verliehen worden waren, und verdiente ein kleines Vermögen als Reeder von Militärtransporten. Der Krieg selbst störte ihn aber auch, da er seinen Zielen im Weg stand: „Ich hatte keinerlei Garantie, daß er nicht noch viel, viel länger dauern würde. Ich hatte das Gefühl, daß ich womöglich die besten Jahre meines Lebens fortwerfen würde, wenn ich wartete, bis er zu Ende ging, und das paßte nicht in meine Pläne" (Amundsen, nach: Huntford 1989, S. 147).

Nordostpassage – 1918 bis 1921

Was nun noch fehlte, war der Abschluss der Südpolexpedition – der „erweiterte Plan" den Nordpol zu erreichen, nochmals erweitert um den Anlauf durch die Nordostpassage. Statt wie ursprünglich geplant über Spitzbergen anzusetzen, wählte Amundsen den Weg durch die Nordostpassage – ohne ahnen zu können, dass es aufgrund zahlreicher Zwischenfälle bei der Passage bleiben würde. Hier war er zwar nur Zweiter, nachdem der schwedische Baron Adolf Erik Nordenskjöld von 1878 bis 1879 vorgelegt hatte, Amundsen konnte so aber die nördliche Umseglung der Erdkugel als erster Mensch komplettieren.

Mit der eigens aufwändig konstruierten und von ihm selbst entworfenen „Maud" und einer gut ausgewählten Mannschaft (bestehend aus den alten Expeditionsgefährten Helmer Hanssen und Oscar Wisting sowie einigen neuen Männern) brach er am 24. Juni 1918 auf und kehrte erst 1922 wieder nach Norwegen zurück. Amundsen selbst hatte nach mehreren gesundheitlichen Rückschlägen, wie zum Beispiel den Folgen eines Eisbärangriffs, die Expedition zwar durch die Nordostpassage (27. Juli 1920), nicht aber bis zum Ende in die Eisdrift zum Nordpol geführt. Die Nordostpassage wurde zu einer sehr erfolgreichen Quelle wissenschaftlicher Erkenntnisse aus dem Nordpolarmeer, von der Öffentlichkeit wurde sie aber im Nachhall des ersten Weltkriegs nicht mehr sonderlich wertschätzend wahrgenommen. Die Unfälle raubten Amundsen viel Kraft. Zum ersten Mal kamen Besatzungsmitglieder (die sich von der Expedition verabschiedet hatten) ums Leben. Sie hatten sich auf eigenen Wunsch von der Expedition getrennt und, gut ausgerüstet, zu Fuß den Heimweg angetreten – blieben aber verschollen.

Der wirtschaftliche Erfolg der Verwertung dieser Expedition blieb ebenfalls aus.

Die „Maud". Amundsen hatte die Maud selbst konstruiert, um ein optimales Schiff für die Eisdrift durch die Nordostpassage zum Nordpol zu haben.

Der Nordpol – 1922 bis 1927

Fliegen – das wurde zur neuen Leidenschaft eines Mannes, der die Entbehrungen jahrelanger Strapazen am eigenen Leib erlebt hatte, die notwendig waren, um ehrgeizige, geographische Ziele aus eigener Kraft zu erreichen. Die Entwicklung von Flugzeugen und Zeppelinen übte daher eine starke Faszination auf Amundsen aus – und wiederum war sein Ziel klar: Überflug, wenn möglich Landung auf dem Nordpol.

Nach einer wirtschaftlich äußerst prekären Phase begegnete Roald Amundsen dem Amerikaner Lincoln Ellsworth und kaufte gemeinsam mit ihm zwei Dornier-Flugzeuge. Gut vorbereitet flogen sie mit ihrer Mannschaft am 21. Mai 1925 von Spitzbergen aus in Richtung Norden – und mussten sechs Stunden später auf 88° nördlicher Breite auf einer Eisscholle landen. In einer dreiwöchigen Odyssee retteten sich die Männer mit einer der beiden Maschinen, getrieben von Amundsens scheinbar grenzenloser Energie, aber längst aufgegeben von der Öffentlichkeit. Diese entdeckte Roald Amundsen wieder neu – er erlebte überschwängliche Anerkennung in den Schlagzeilen und eine neue Popularität.

Das war Grund genug für Amundsen, nur acht Wochen später ein Luftschiff zu kaufen und den nächsten Anlauf vorzubereiten. Da ein Flug in die Polarregionen wegen der Wetterbedingungen nur jeweils im Monat Mai möglich war, bereitete er sich bis dahin erneut mit äußerster Genauigkeit vor und startete am 11. Mai 1926. Nur wenige Tage zuvor war der Amerikaner Byrd aus Alaska kommend in Spitzbergen nach einem Non-stop-Flug gelandet – und hatte behauptet, den Nordpol überflogen zu haben. Amundsen lobte ihn überschwänglich, ließ aber diesmal nicht von seinem ursprünglichen Ziel ab. Vielleicht ahnte er damals, was heute als erwiesen gilt: Weder Cook noch Peary zu Fuß noch Byrd mit dem Flugzeug waren tatsächlich am Nordpol, das war erst Amundsen mit dem Luftschiff „Norge" am 12. Mai 1926 gelungen.

Amundsen vor einem seiner Dornier-Flugzeuge, mit denen er 1925 von Spitzbergen aus Richtung Pol startete. „Sie haben 225 Gramm Essen pro Mann und Tag und kommen dennoch mit einem der Flugzeuge wohlbehalten nach Hause. Besser kann das nicht gemacht werden ... Zuerst die Niederlage, sozusagen der Tod, in letzter Minute zu Leben und Sieg verwandelt. Nachdem die Welt ihren Tod befürchtet hat, sich darauf eingestellt hat, sich vorbereitet hat, den toten Helden zu huldigen – kommen die Helden heim und leben. Das ist Zauberkunst. Alle sind überwältigt von dem Unglaublichen. Und als Zentrum der sechs Männer: er, noch einmal er (Holt 1976, S. 26).

Die Folgen dieser Überquerung des Nordpols waren für ihn allerdings verheerend – sein Begleiter Nobile entpuppte sich als Wolf im Schafspelz und begann, vertragsbrüchig, den Flug als im Wesentlichen seine Leistung darzustellen und öffentlich in Vorträgen zu verwerten. Amundsen selbst, der Nobile als angestellten Piloten beschäftigt hatte, war verblüfft und blockiert von dieser intriganten Selbstsucht und musste erleben, wie seine Leistung von der Öffentlichkeit aufgrund Nobiles „Vorarbeit" nicht mehr ausreichend gewürdigt wurde. Verbittert zog er sich zurück und antwortete mit einem Schwall der Rechtfertigung in seiner Biographie „Mein Leben als Entdecker". Die Abrechnung mit Nobile nimmt dabei über ein Drittel seiner ganzen Biographie ein – Amundsens Anspruch an das Leben, der auf einer Balance aus Leistung und Anerkennung beruhte, war aus den Fugen geraten.

„Am Nordpol wohnt der Teufel" – das alte Sprichwort der grönländischen Eskimos war für Amundsen Wirklichkeit geworden.

Die „Norge". Nach Amundsens spektakulärer Odyssee mit zwei Propellerflugzeugen war das Luftschiff eine willkommene Alternative, die einen weniger riskanten Zugang zum Nordpol versprach. Und tatsächlich gelang der Plan: Amundsen war wiederum als Erster am bzw. über dem Pol.

Auf der Suche nach Nobile – 1928

General Umberto Nobile, Gegenstand dieser Entrüstung, wollte einen weiteren Erfolg mit einem Luftschiff draufsetzen und startete im Mai 1928 erneut in Richtung Nordpol – diesmal mit einer italienischen Expedition unter seiner Führung. Auf dem Rückflug nach der Überfliegung des Nordpols stürzte das Luftschiff „Italia" auf 81° nördlicher Breite ab und sendete Notsignale. Zahlreiche Rettungsaktionen starteten – und auch Amundsen war dabei, wohl um in einer Geste der Größe seinem Widersacher das Leben zu retten. Fast 300 Schiffe und Flugzeuge begaben sich auf die Suche nach dem vermissten Luftschiff und seiner Besatzung.

Am 18. Juni startete Amundsen in Tromsö, zum ersten Mal in einer nachvollziehbar überstürzten Reaktion und zahlte für den Verstoß gegen seine eigenen Grundsätze den höchsten Preis – er kam dabei ums Leben.

Er hatte der „Latham 47" nicht getraut, die eigene Skepsis und die Warnungen seines Vertrauten Dietrichson aber unterdrückt, um Zeit für die Rettung zu gewinnen. Teile der Latham wurden später im Meer treibend gefunden.

Umberto Nobile wurde am 23. Juni 1928 mit sechs Überlebenden seiner ursprünglich 25-köpfigen Besatzung von den schwedischen Piloten Lundborg und Schyberg gerettet. Am 12. Juli wurden die restlichen Überlebenden der Italia durch einen sowjetischen Eisbrecher geborgen. Die Folge war ein Ermittlungsverfahren der italienischen Luftwaffe, das Nobile einen strengen Verweis einbrachte – sowohl der Absturz des Luftschiffs beruhte auf Fehlern Nobiles als auch seine Bergung als Erstem unter Zurücklassung der Mannschaft am Unglücksort. Nobile überlebte Amundsen um 50 Jahre und starb 93-jährig 1978 in Rom.

"Seine Erfolge erweckten in mir rückhaltlose Bewunderung für einen Mann, dessen Leben und Arbeit in der Erfüllung einer großen Idee aufging."

(Wernher von Braun)

Das Amundsen-Prinzip

·· 2 ··

„Wie alles Große sieht das Vollendete ganz einfach und selbstverständlich aus …" – so bewertete Fridtjof Nansen Amundsens Weg zum Pol. Amundsens Kritiker jedoch wurden nicht müde, seine Leistung als einen Spaziergang abzuwerten. Amundsen selbst hat mit viel Understatement dazu beigetragen, seine Südpolexpedition als angenehm und erlebnisreich zu schildern – Abenteuer zu suchen war ihm suspekt, ja, er hielt Abenteuer eher für die Folge von Fehlplanung.

Was musste aber passieren, damit rund 3 000 Kilometer durch eine Eiswüste leicht und einfach wirkten, wie selbstverständlich? Ohne Goretex, Satellitennavigation und Nahrungskonzentrate.

Was war das grundlegende Prinzip des Erfolgs – worin lag das Geheimnis verborgen?

Das Amundsen-Prinzip

Wenn ein Prinzip eine Richtschnur ist, eine Idee, nach der etwas wirkt – nach welcher Idee, welcher Richtschnur wirkte dann Roald Amundsen? Wie funktioniert ein „Entdecker"?

Ein so reichhaltiges Leben wie das des Roald Amundsen auf ein Prinzip zu reduzieren – das klingt anmaßend und oberflächlich. Hunderttausende Kilometer hat er in seinem Leben zurückgelegt, auf Skiern und zu Fuß, als Lenker eines Hundeschlittens, auf Schiffen und Luftschiffen und im Flugzeug. Und alles sollte *einem* Prinzip folgen?

„Du hast dich nun mit dir selber über den Weg geeinigt, dem du folgen willst, und das ist recht. Nichts ist schlimmer, als tappen und zögern und nicht wissen, was man will. Entscheide dich, ein Ziel zu verfolgen! Richte deine ganze Energie auf die Arbeit ein und du wirst sehen, es geht." (Amundsen, nach: Arnesen 1931, S. 201).

Diese Zeilen schrieb Roald Amundsen 1912 an einen Neffen. Sein grundlegendes Prinzip hieß „Zielorientierung kombiniert mit Weitsicht und Leidenschaft". „Zielorientierung" – ein Bild, einen Fixstern, einen Südpol oder einen Nordpol zu haben, eine Richtung, in die seine Reise gehen sollte. „Weitsicht", denn es waren stets große, herausfordernde, aber auch machbare Ziele, die einen langen Anlauf brauchten. Und „Leidenschaft", denn es waren Hindernisse zu überwinden, die ein Höchstmaß an Einsatz von ihm forderten. Ohne Leidenschaftlichkeit, ohne Motivationskraft eines großen Ziels wäre dies nicht möglich gewesen.

Für Amundsen war das eigentliche Ziel, ein Leben als Entdecker, als Forscher zu führen, der weiße Flecken auf der Karte füllt, der unter den Augen der Welt neue Wege beschreitet, dabei Unglaubliches erlebt und davon einer erstaunten Öffentlichkeit berichtet – und dafür auch anerkannt wird: „Ehre, wem Ehre gebührt" ist ein häufig gewählter Satz in seinen Büchern.

Das Amundsen-Prinzip

Polheim. So tauften Amundsen und seine Mannschaft das Lager am Südpol im Dezember 1912. Zurück ließen sie ein Zelt mit Briefen an Scott und den norwegischen König. Die Briefe wurden zwei Jahre später beim toten Scott gefunden.

Am Südpol angekommen schrieb er am Abend des 15. Dezember 1911:

„Ich kann nicht sagen – obgleich ich weiß, daß es eine viel großartigere Wirkung hätte –, daß ich da vor dem Ziel meines Lebens stand. Dies wäre doch etwas zu sehr übertrieben. Ich will lieber aufrichtig sein und geradeheraus erklären, daß wohl noch nie ein Mensch in so völligem Gegensatz zu dem Ziel seines Lebens stand wie ich bei dieser Gelegenheit. Die Gegend um den Nordpol – ach, ja zum Kuckuck – der Nordpol selbst hatte es mir von Kindesbeinen an angetan und nun befand ich mich am Südpol. Kann man sich etwas Entgegengesetzteres vorstellen?" (Amundsen 1912, S. 614)

Ein gleiches Gefühl beschlich ihn nach seiner Durchquerung der Nordwestpassage und beim Überflug des Nordpols per Zeppelin wird es nicht anders gewesen sein. Das war noch nicht das Ziel seines Lebens, bestenfalls ein Zwischenziel auf dem Weg zu einem Leben als Entdecker.

„Mein Leben als Entdecker" – so nannte er seine späte Autobiographie, die er 1927 geschrieben hat. Wo und wie er dieses Entdeckerleben führte, ist dabei zweitrangig, seine geographischen Ziele wandelten sich im Laufe der Zeit: Erst war es die Nordwestpassage, dann der Nordpol und kurzfristig der Umweg über den Südpol, die Nordostpassage, wieder der Nordpol, dann Expeditionen mit Flugzeugen und Luftschiffen – schließlich der Flug zum Nordpol. Und ein arktischer Rettungsversuch für seinen Widersacher Nobile, der Amundsen selbst das Leben gekostet hat.

Das Amundsen-Prinzip

Roald Amundsen. Amundsen nahm sich Zeit, seine Ziele zu erreichen – es kam ihm mehr darauf an, überhaupt anzukommen als schnell anzukommen, er wollte durch einen falschen Umgang mit Ressourcen seinen Erfolg nicht gefährden. Gleichzeitig war er bereit, Risiken einzugehen, die kalkulierbar waren und halfen, die Folgen von zu langer Stagnation aus Sicherheitserwägungen richtig einzuschätzen. Einen Wettlauf zum Pol einzuleiten war für ihn eine zwiespältige Sache – einerseits sah er ihn als sportliche Herausforderung, andererseits konnte er auch eine Falle sein, vorschnell und unüberlegt Fehler zu machen.

Fast symbolisch maß Amundsen die Wegstrecke zum Pol selten in Meilen oder Kilometern – das wäre zu profan gewesen. Es waren die Breitengrade, die seine Position auf dem Erdball beschrieben, die die Unterscheidungen machten, wie weit er Vorgänger wie Shackleton einholte oder übertraf. Als erster Mensch auf 90° Süd hieß das Ziel – alle vier Tage galt es, einen Breitengrad zu queren, viele Zwischenziele, die ihn und seine Mannschaft zur Höchst-

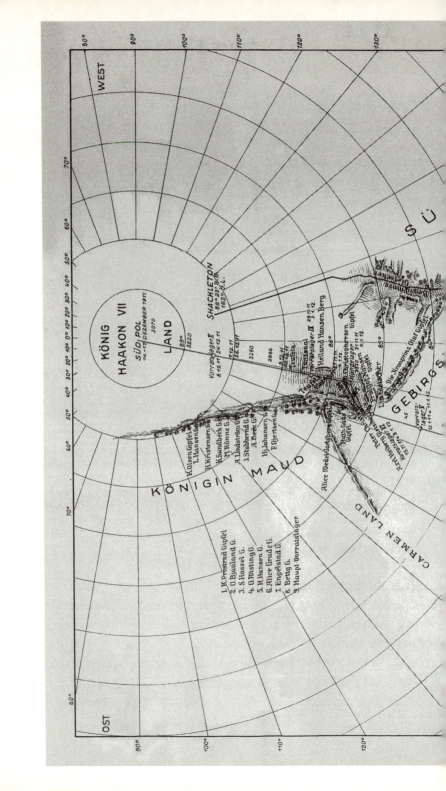

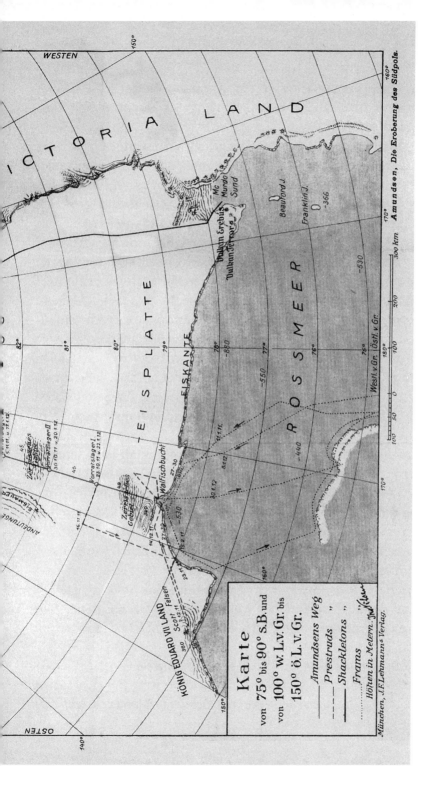

leistung forderten und motivierten, wenn das Wetter schlecht war – und gelegentlich auch bremsten, wenn der Überschwang zum Risiko zu werden drohte.

Amundsens Ziele waren vorwiegend persönlicher Natur – er war sich aber bewusst, dass die Anerkennung im Heimatland auch an der nationalen Seite seines Vorhabens gemessen würde: Ein kleines Land, vor kurzem erst in die Unabhängigkeit getreten, setzte altes und neues Wissen und die besten Menschen ein, um sich der Welt als leistungsstarke, ernst zu nehmende Nation voller Energie und Innovationskraft zu demonstrieren. Da Amundsen aber eine grundlegende Aversion gegen „idealistische Kreuzfahrer" hatte, konzentrierte er sich auf die logistische und fachliche Seite seiner Expedition. Autoren wie Weil gehen sogar so weit, ihn als gänzlich unpolitisch und teilweise naiv zu bezeichnen. Was es heißt, unreflektierten nationalen oder wirtschaftlichen Zielen hinterherzulaufen, hatte er unter de Gerlache auf der Belgica erfahren müssen, als unausgesprochene koloniale Ziele den klaren Blick auf das Mögliche bei Kapitän und Expeditionsleitung trübten.

Amundsen wusste, der Südpol hat Symbolkraft, und entzog sich damit weitgehend einer wissenschaftlichen Legitimation.

Wer aber auf Heldentaten aus war, galt nicht viel unter der Besatzung der Fram, auch hier musste Amundsen seine Mannschaft vom ehemaligen Ziel „Nordpol" mit einer guten Argumentation zum neuen Ziel lenken, seine Erweiterung des Plans „verkaufen", den Sinn vermitteln. Es gelang ihm, mit geschickter Rede und einer ordentlichen Dosis Gruppendruck alle auf seine Seite zu ziehen, sein Ziel in die Köpfe seiner Mitarbeiter zu transportieren, sie davon zu überzeugen, sein Ziel auch zu ihrem Ziel zu machen.

„Viele Worte brauchte ich nicht zu machen, bis einzelne begriffen hatten, von welcher Seite der Wind blies und welchen Kurs wir von nun an steuern würden. Dann entfaltete der erste Offizier seine Karte der südlichen

Halbkugel, und ich legte in großen, allgemeinen Zügen den erweiterten Plan dar, mitsamt meinen Gründen, warum ich ihn bis zu diesem Tag so sorgfältig verschwiegen hatte ... (und) noch ehe ich ausgeredet hatte, strahlten alle vor Freude. Ich hegte nun keinen Zweifel mehr über die Antwort, die ich bekommen würde, ob er mitgehen wolle, und als die Namen aufgerufen wurden, hatte auch jeder Mann sein ‚Ja' fix und fertig" (Amundsen 1912, Bd. 1, S. 223).

Ein Unterton schwang mit, der auch andere ansteckte – es war ein Abenteuer, eine sportliche Herausforderung mit Symbolkraft, aber es war auch ein großes Spiel. „Noch schläft die Prinzessin, aber der Kuß, mit dem sie geweckt werden soll, scheint nur noch eine Frage der Zeit zu sein" (Amundsen 1912, Bd. 1, S. 293). Und darin stimmten alle überein: nichts zu unterlassen, was zur Erreichung des Ziels – des entscheidenden Kusses – beitragen kann. Wer solche Ziele mitverfolgen darf, braucht nicht künstlich motiviert zu werden, und Frustrationen relativieren sich schon im Anfangsstadium.

Zu Hause in Norwegen war Amundsens Ziel „Südpol" nicht unumstritten. Auch das ist eine Seite des Amundsen-Prinzips: Ziele zu haben löst nicht nur Zustimmung aus – jede Reaktion ist möglich. Amundsen wäre aber nicht der große Entdecker geworden, wenn er nur im breiten Konsens gehandelt hätte. Zielorientiert sein heißt immer auch Widerstände zu ertragen und sich gelegentlich darüber hinwegzusetzen – und in der Morgendämmerung ohne viel Aufhebens einfach loszufahren.

Transferbaustein Nr. 1

Woher kommen Ziele?

Oft entstammen Ziele wie in Amundsens Fall Ereignissen, die sich wie zufällig ineinander fügen. Das Vordringen in unbekannte Länder als diffuser Wunsch der Kindheit konkretisiert sich, lässt sich auch nicht von mütterlichen Interventionen unterdrücken und wartet auf seine Gelegenheit. Wie viel häufiger sind die Gelegenheiten in unserer Zeit, starke Ereignisse direkt oder indirekt zu verfolgen, Zeitzeuge zu werden, aus erster Hand Eindrücke zu gewinnen, Träume ohne gesellschaftliche Schranken auszuleben? Und wie wenig machen wir daraus, wenn es uns nicht gelingt, diese Impulse in Visionen und Ziele zu verwandeln?

Wir erleben eine vorbildlose und wenig zielorientierte Epoche – vielleicht weil es scheinbar keine weißen Flecken mehr auf unseren Landkarten gibt, die uns ohne Übersetzungsaufwand ansprechen. Dass es aber neben den geographischen Landkarten auch soziale, natur- und geisteswissenschaftliche, künstlerische und technische Landkarten voller weißer Flecken gibt, erschließt sich nur wenigen. Und noch seltener finden Menschen den Zugang zu den weißen Flecken auf ihren inneren Landkarten der Selbsterkenntnis.

Wie können Sie Ihre Ziele finden?

- Ein einfacher Zugang zur Formulierung eines Ziels ist der Weg über Vorbilder. Welche historische oder zeitgenössische, berühmte oder unbekannte Persönlichkeit kann in Teilbereichen als Vorbild dienen? Wo stimmt das Charisma, wo die Sympathie, wo beeindruckt beruflicher oder familiärer Erfolg? Wo ist die Balance noch in Takt, wo wird Spitzenleistung gebracht oder einfach nur ein Talent genutzt? Wo gibt es Menschen, die noch Visionen, Ziele, einen „Südpol" haben? Suchen Sie nach diesen Menschen, lassen Sie sich inspirieren und lernen Sie von ihnen, so wie Roald Amundsen von Fridtjof Nansen gelernt hat.

- Ein weiterer Zugang zur Zielformulierung ist die Aufstellung eines Wertekatalogs: Welche Werte sind die wichtigsten in meinem Leben? Tragen Sie zusammen, ob es Freundschaft, Anerkennung, Besitz, Sicherheit, gesellschaftliche Stellung oder Unabhängigkeit ist, Emotionalität, Spannung oder Ruhe, Hilfsbereitschaft oder Kreativität, Spiritualität oder Wissen. Oder sogar Macht? Stellen Sie Ihren persönlichen Wertekatalog auf und setzen Sie Prioritäten. Der nächste Schritt kann wehtun: Fragen Sie sich, wo und wie Sie diese Werte zur Zeit leben – und was Sie tun müssen, welche Situationen Sie suchen und welche Sie meiden müssen.

- Wenn Ihnen das Urteil anderer Menschen wichtig ist, schreiben Sie sich je nach emotionaler Stabilität die Laudatio anlässlich der Verleihung des Bundesverdienstkreuzes an Sie, zu Ihrem 75. Geburtstag, oder Ihre eigene Grabrede – was soll man anlässlich einer solchen Situation über Sie und Ihr Lebenswerk sagen. Dann fragen Sie sich: „Was muss ich heute tun, damit Menschen einmal so über mich sprechen werden?"

Wie profitieren Sie von der Kraft der Zielorientierung?

- Wer ein klares Ziel vor Augen hat, nimmt die Welt anders wahr – das erfuhr schon Amundsen, als sein Interesse für Forscher und Entdecker wuchs. Von der Bibliothek seines Vaters (hier fand er vergilbte Bücher über die Franklin-Expeditionen) trieb ihn sein Interesse in die Literatur über Expeditionen und Reisen. Zufälle, die keine waren, folgten und klärten das Bild des „Lebens als Entdecker" immer weiter. Selektive Wahrnehmung kann man das auch nennen, was eng mit Zielorientierung verbunden ist. Unwichtiges strapaziert Ihre Aufmerksamkeit immer weniger – nur die relevanten Ereignisse und Informationen bekommen den notwendigen Raum.

- Ein scheinbarer Zufall fällt auf fruchtbaren Boden – ein schöner Abend mit einem echten Weinkenner. Sie werden inspiriert, erfahren, dass gute Weine eine Geschichte erzählen können, und stoßen auf einmal auf immer mehr Informationen dazu. Sie legen sich einen Weinkeller an, lernen Menschen mit einer ähnlichen Leidenschaft kennen. Auf einmal sind Sie selbst zum Kenner geworden und auf der Suche nach Wegen, Ihre Leidenschaft zu leben. Und da lesen Sie von dem kleinen, verfallenen Weingut in der Toskana mit den alten Rebstöcken ...

- Vertrieb fanden Sie immer langweilig und ein wenig peinlich, auf einmal fällt Ihnen die Biographie eines scheinbaren Starverkäufers in die Hände. „Genau so will ich nicht werden, aber warum habe ich nicht selbst daran gedacht, mit meinen Mitarbeitern wichtige Akquisitionstermine vorweg zu simulieren?" Sie erwähnen diese Idee beiläufig bei einem Kollegen und dieser erinnert sich, dazu den Artikel eines Experten gelesen zu haben – in der letzten Ausgabe von Sales&More. Beim Durchblättern dieser Ausgabe stoßen sie auf eine Buchbesprechung über Vertriebssimulation und probieren die Empfehlungen mit großem Erfolg aus. Sie nehmen Verbindung mit dem Autor auf, um ihm zu danken, und er schlägt Ihnen vor, das nächste Buch gemeinsam zu veröffentlichen und Ihre Praxiserfahrungen in den Mittelpunkt zu stellen ... Zufälle oder Chancen, wie sie sich jeden Tag bieten, aber meist übersehen werden?

- In Ihrem Unternehmen herrscht Krisenstimmung: Personalabbau, Kosteneinsparung um jeden Preis, Übernahmegerüchte. Die Motivation fällt analog zum DAX – die ersten Führungskräfte springen ab. Nur in einer Sparte nicht. Da ist doch eine Führungskraft, die fordert allen Ernstes, den Marktanteil zu verdoppeln, sie setzt sich über die scheinbare Wirklichkeit einfach hinweg, investiert und macht dem wichtigsten Wettbewerber ein Übernahmeangebot. Das ehrgeizige Ziel entwickelt eine Sogwirkung – das neue Selbstbewusstsein wird sogar bei Kunden spürbar –, alle orientieren sich an dem, der auch in der Krise noch einen „Südpol" hat.

Meine Ziele! – Deine Ziele?

Der Prozess, Mitarbeiter an Zielen und Visionen teilhaben zu lassen, wird nicht selten geprägt vom Glauben, alle gemeinsam müssten ein von allen getragenes Ziel entwickeln. Folge ist dann allzu oft der kleinste gemeinsame Nenner. Visionen und große Ziele sind aber meist Produkte Einzelner. Und wenn sie unseren grundlegenden Werten nicht entgegenstehen, steckt in unverfälschten, nicht weich gespülten Zielen eine große Energie. Andere von deren Richtigkeit zu überzeugen ist dann wiederum eine Frage der richtigen Rahmenbedingungen, zum Beispiel des Zeitpunkts.

Stellen Sie sich mal vor, wir würden uns von der Situation in Madeira bei der Rede von Funchal (also der Ansprache Amundsens vor seiner Mannschaft) für die Kommunikation der notwendigen Veränderungen in unseren Verantwortungsbereichen inspirieren lassen? Amundsen teilt den Einstieg in ein Change-Projekt mit, eine durchgreifende Änderung von Unternehmenszielen, die mit persönlichen Veränderungen und Mehrbelastungen einhergehen! Inspiriert von „Madeira" würden wir vermutlich nicht nur informierende Betriebsversammlungen in der Werkskantine abhalten oder E-Mails versenden. Wir würden die Pläne offen legen, unser Vorhaben anschaulich darstellen, jeden Einzelnen ansprechen, ob er oder sie bereit sei, die Änderung auch mitzugehen – und uns diese Vereinbarung vor versammelter Mannschaft bestätigen lassen (zugegeben, alternativ zu Amundsens Verfahren nach angemessener Bedenkzeit).

Zielorientierung mit Weitsicht und Leidenschaft – Roald Amundsen hat gezeigt, dass dies die Grundlage von Erfolgen sein kann. Der Weg zum Ziel braucht aber mehr als Weitsicht und Leidenschaft, er verlangt nach Kompetenzen, die wir identifizieren, ausbilden und verstärken müssen.

Wer ein Ziel hat ...

- ... schärft seine Aufmerksamkeit und erkennt in der Vielzahl der Ereignisse Chancen und Gelegenheiten.
- ... beginnt Prioritäten zu setzen, beginnt sich zu konzentrieren, um seine Energien und Mittel richtig einzuteilen.
- ... kann leichter auf scheinbar wichtige Banalitäten verzichten, die nur bremsen und betäuben, und kann auch leichter „Nein" zu entsprechenden Verlockungen sagen.
- ... motiviert sich damit selbst (musste man uns dazu mühevoll motivieren, vor unserer lang ersehnten Urlaubsreise bis tief in die Nacht zu packen oder Reiseführer zu lesen?). Keine Motivation mehr zu spüren kann auch heißen, kein attraktives Ziel mehr zu haben!
- ... lernt Frustrationen auszuhalten, durchzuhalten, Niederlagen (als Zwischenergebnisse!) richtig einzuordnen, aber auch Grenzen zu verstehen, zu akzeptieren und sich gegebenenfalls auf neue Ziele hin zu orientieren.
- ... bekommt einen Vorgeschmack, wie sich Leichtigkeit anfühlt, wie Dinge scheinbar zufällig ineinander greifen und glückliche Zufälle regelrecht provoziert werden.
- ... sendet andere Signale (zum Beispiel mehr Begeisterungsfähigkeit, mehr Energie, mehr Interesse für Ziele anderer).
- ... infiziert damit andere, die Orientierung suchen.
- ... und darüber spricht, macht seine Mitwisser zu Helfern – auch deren Wahrnehmung wird sich selektiv verändern („Sag mal, du interessiert dich doch für einen Job in Hamburg – ich hab da zufällig jemanden kennen gelernt ...").

„Mut, Energie und hartnäckige Ausdauer des Mannes der Tat haben über die Hindernisse, die uns unüberwindlich schienen und die Natur vor ihm errichtete, triumphiert."

(Prinz Bonaparte, Präsident der französischen Gesellschaft für Geographie, über den Entdecker am 16. Dezember 1912 im Amphitheater der Sorbonne in Paris; nach: Calic 1961, S. 151)

Die Erfolgskompetenzen zum Amundsen-Prinzip

·· 3 ··

Das Amundsen-Prinzip stellt weitsichtige und leidenschaftliche Zielorientierung des Handelns in den Mittelpunkt unserer Betrachtung. Sie werden sich nun zwangsläufig die Frage stellen, wie denn Ziele, nachdem wir sie identifiziert haben, auch erfolgreich erreicht werden können. Ein starkes Ziel zu haben ist schön und gut, weil es Energien freisetzt und motivierend wirkt – einverstanden. Aber wie wird ein Erfolg daraus? Wie hat Amundsen den entscheidenden Schritt getan, vom Ziel zur Handlung? Wie hat er sich motiviert tatsächlich anzufangen, aufzustehen und am Ball zu bleiben?

Die Erfolgskompetenzen zum Amundsen-Prinzip

Ein Destillat der Handlungen, Wege und Entscheidungen des Roald Amundsen und ein Blick auf die Struktur seiner Vorträge, die er in den USA als Einnahmequelle für die jeweils nächste Expedition gehalten hat, zeigt, dass sich Amundsen scheinbar intuitiv am Kompetenzmodell für Führungskompetenz orientiert hat – in einer Form, die auch noch heute Gegenstand von Lernprozessen für Führungskräfte ist. Ob es auch heute noch so erfolgreich umgesetzt wird, wie vor bald 100 Jahren von Roald Amundsen, bleibt allerdings an dieser Stelle offen.

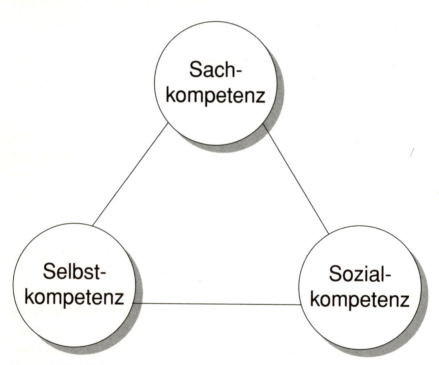

Das 3-S-Modell der Führungskompetenz. Es betont die Kombination und Balance der drei elementaren Kompetenzbereiche des Führungsalltags.

Sachkompetenz – das sind fachliche Grundlagen, Wissen und Können, Hintergründe, die uns helfen, zwischen fachlich richtig und fachlich falsch zu unterscheiden, ergänzt durch die Fähigkeit und Fertigkeit, die richtigen Verfahren/Methoden auszuwählen und anzuwenden. Ein Projekt funktioniert nach bekannten Regeln, eine Entscheidung zu treffen verlangt nach Kriterien, eine Krise verläuft in Stadien – wer sicher und konsequent in der Anwendung dieser Verfahren ist, setzt sich denen gegenüber durch, die „situativer Flexibilität" den Vorzug geben. Sachkompetenz kennt keinen Stillstand, sie entwickelt sich (wenn man sie lässt) vor, während und nach einem Projekt. Sachkompetenz zu leben heißt auch, sich selbst permanent zu entwickeln, Wissen zu erwerben, aufzubereiten, zu aktualisieren und Methoden immer wieder auf den Prüfstand zu stellen, ob sie noch zielgerichtet sind oder schon irgendwo zwischen Selbstzweck und Zwangshandlung angekommen sind.

Selbstkompetenz („der Umgang mit sich selbst") stellt die eigene Persönlichkeit in den Mittelpunkt: das (selbst-)kritische Bewusstsein der eigenen Stärken und Schwächen, der eigenen Werte und Motive, Optimismus, Selbstvertrauen, Willenskraft und Fitness. Wer mit sich selbst im Reinen ist, ein gesundes Selbstwertgefühl hat, packt Aufgaben anders an – und reißt andere Menschen mit, wird ihnen zum Vorbild und zur Orientierung gerade in kritischen Situationen. Und er ist auch in der Lage, nicht dem Größenwahn zu verfallen, kraft der eigenen Persönlichkeit prinzipiell alles für machbar zu halten, Grenzen nicht mehr zu akzeptieren. Wer andere führen will und sich selbst nicht zu führen vermag, ist unglaubwürdig und wird gerade in komplexen Führungssituationen mit Sicherheit entlarvt.

Die Erfolgskompetenzen zum Amundsen-Prinzip

Amundsen (3. von rechts) am gemeinsamen Tisch inmitten seiner Mannschaft. Amundsen hatte nicht den üblichen Dünkel einer künstlichen Trennung, die Hierarchien auch in Form von Privilegien und Distanz abbildet. Als Kapitän war er deshalb außerordentlich beliebt und akzeptiert.

Bleibt die **Sozialkompetenz**, ohne die Visionen, Ziele und Handlungen im Team niemals wirksam werden können: Teams auswählen und entwickeln, steuern und motivieren, bremsen und ordnen – durch Empathie und ehrliches Interesse an den anvertrauten Menschen. Soziale Kompetenz heißt auch, Grenzen der Leistungsfähigkeit sozialer Systeme zu erkennen und zwischen der Notwendigkeit großartiger Einzelleistungen und der Komplexitätsbewältigung funktionierender Teams einen integrierenden Weg zu wählen.

Die Kombination dieser Kompetenzen macht echte Führungskompetenz aus – oder, wie in diesem Fall, die Erfolgskompetenzen des Roald Amundsen.

„Roald Amundsen war mehr als ein Mann unter Männern, er war ein Führer von Männern, und er hat sich durch jahrelange Arbeit und durch Entwicklung einer Selbstdisziplin, die uns allen ein leuchtendes Beispiel bleibt, zu seiner Führerstellung ertüchtigt."

(Professor Harald Sverdrup, Amundsens wissenschaftlicher Begleiter auf der Expedition mit der „Maud"; nach: Arnesen 1931, S. 210)

A Sachkompetenz

Als Roald Amundsen als einfacher Matrose 1896/97 auf dem Seehundfänger „Jason" unterwegs war, gab es nach Wochen in den kalten, arktischen Gewässern im englischen Grimsby endlich Gelegenheit zum Landgang. Seine Kameraden tauchten in die üblichen Unterhaltungen für Matrosen im Hafen ein, Amundsen dagegen hatte den Kapitän der Jason überredet (ihn regelrecht mit dem Virus „Nordwestpassage" infiziert), mit ihm in einer privaten Bibliothek und in städtischen Archiven seltene, zum Teil über 400 Jahre alte Dokumente über die Nordwestpassage auszuwerten und die bisherigen Versuche der Bezwingung wie alte Schlachten am Sandkasten nachzuvollziehen. Da sitzt also ein Kapitän mit einem einfachen Matrosen in alten Archiven und wertet Informationen aus – auf Initiative des Matrosen. Und beide verzichten auf die „Freuden" nach einer Eismeerfahrt und sind enthusiastisch bei der Sache.

Amundsen hatte zum einen den harten Weg der Praxis im Eismeer gewählt, als Matrose und später als Steuermann, um ein akzeptierter Seemann zu werden, und verfolgte gleichzeitig in jeder freien Minute das Ziel „seiner" Nordwestpassage weiter. Die andere Seite der Medaille ist wieder einer dieser scheinbaren Zufälle: Bei der Lektüre stießen Amundsen und sein Kapitän auf den Bericht des Admirals Sir Leopold McClintock und seine Suche nach Sir John Franklin. Amundsen schreibt, dass er „... die Vorhersage (las), daß die richtige Durchfahrt auf einer südlicheren Route als der von den bisherigen Forschern gewählten gefunden werden würde" (Amundsen 1929, S. 72). Und so war es auch – Amundsen war wiederum ein wertvoller Mosaikstein seines künftigen Erfolgs in die Hand gefallen und er hatte ihn als einen solchen auch erkannt und richtig eingeordnet. Das Wissen war da, es musste nur *gewissen*haft zusammengetragen und intelligent vernetzt werden.

Das Amundsen-Prinzip stellt die weitsichtige und leidenschaftliche Zielorientierung in den Mittelpunkt – ohne Sachkompetenz ist es dabei unmöglich, Akzeptanz zu finden bei den Menschen, die man für die Verwirklichung der Ziele braucht. Zudem ist es ohne Sachkompetenz aussichtslos, die Zahl der möglichen Fehler auf ein gesundes Maß zu reduzieren. Die Akzeptanz einer Mannschaft kann auf Sympathie beruhen, auf Charisma oder auf Macht, dann ist sie aber besonders vergänglich und gerade in Krisensituationen meist wertlos (in der Krise herrscht kein Mangel an Situationen, in denen Führungskräfte auch mal unsympathisch sein müssen, im Stress ihr Charisma einbüßen oder die mit Macht geschwisterlich verbundene Kontrolle nicht ausüben können).

Was jenseits davon zählt, ist die Fähigkeit, zwischen richtig und falsch zu unterscheiden, den eigenen Standort richtig zu bestimmen und sich nicht um ein paar Breitengrade zu vertun, das Vorratslager nicht zu verfehlen und damit lebenswichtige Zeit und Energie für die Suche zu verschleudern oder auch Petroleumkanister doppelt verlöten zu lassen, weil man die überlebenswichtige Wärme braucht (Scott ist unter anderem an undichten Petroleumkanistern gescheitert und konnte in der Schlussphase seines bereits

Sachkompetenz

verlorenen Wettkampfs kein Wasser mehr aus Eis schmelzen – Amundsens überzählige Kanister hat man nach über 50 Jahren im Eis in brauchbarem Zustand vorgefunden).

Das Resultat sind Erfolgserlebnisse und Sicherheit, es funktioniert und gibt dem Vertrauen in die Führungskraft erst die richtige Basis. Fehler müssen sein und sind wichtiger Bestandteil von Lernprozessen – dies schließt aber auch die Fehler anderer ein, aus denen man lernt, ohne diese selbst zu machen (manche Fehler kann man eben nur einmal machen).

Sachkompetenz ist derzeit nicht selten in Gefahr, von einer überschäumenden Euphorie für Sozialkompetenz verdrängt zu werden. Jahrhundertelang gab eine Mischung aus hoher Sachkompetenz und größtmöglicher Macht den Ton an – so wurden Menschen erfolgreich (zur Not reichte aber auch nur die Macht, ohne sonstige Kompetenz). Zu Recht haben sich diese Maßstäbe verändert – die Welt ist zu komplex für allumfassende Sachkompetenz – und absolute Macht anzustreben und auszuüben gilt auch nicht mehr als Erfolg versprechend. Menschen vertrauen sich Führungskräften heutzutage freiwillig und zeitlich begrenzt an und verlangen dafür soziale Kompetenzen im Umgang. Es ist hingegen ein Trugschluss, dass maximale Sozialkompetenz plus eine kleine Dosis Methodenwissen über Beteiligungsverfahren und Projektmanagement schon langfristigen Erfolg ausmachen würden.

„Dafür habe ich meine Experten" – ein riskantes Statement angesichts der Vielfalt selbst ernannter oder lediglich rein akademisch gebildeter „Fachleute". Immer dann, wenn zu wenig grundsätzliches Fach- oder Methodenwissen bei der Führungskraft vorhanden ist, müssen zu früh entweder die ominösen „Experten" herhalten oder es wird das hoch geschätzte Improvisationsvermögen bemüht. Als Laie erscheint uns jeder als Experte, der mit Nachdruck eine Meinung zum vakanten Thema besetzt – gefordert sind aber grundlegende Kompetenzen, ein Fundament, das uns erkennen lässt, wer Fachmann ist und wer nur glaubt, einer zu sein. Gefordert ist zudem die Versöhnung der ungleichen Kompetenzhälften – wahre Führungskompetenz muss eine Balance erzeugen, die sowohl Sachverhalte richtig beurteilt (oder beurteilen lässt), wirksame Verfahren wählt und soziale Orientierung bietet.

Amundsens Sachkompetenz beruhte auf den vier wesentlichen Elementen:

1. Fachkenntnisse, z. B. über Seefahrt, Navigation, Meteorologie, Anthropologie, Magnetismus, Geographie, Geschichte, Medizin, Sprachen und Interkulturalität

2. Eigenes Erfahrungswissen aus der seemännischen Ausbildung, aus Expeditionserfahrungen, der Beobachtung von Praktikern und dem Leben mit Naturvölkern sowie aus sportlichen Herausforderungen

3. Lernvermögen und Wissensmanagement – die Fähigkeit, Wissen und Informationen als Schätze zu betrachten, die gehoben, gesichert und in Handlungen transferiert werden wollen

4. Methodenwissen über die Verfahren der Planung, Steuerung und Organisation von Projekten – die Kompetenz, den Überblick über komplexe Situationen zu wahren, sinnvolle Reihenfolgen und Prioritäten der Tätigkeiten zu setzen und Risiken rechtzeitig zu erkennen

Alle vier Elemente drehen sich um die Fähigkeit, den Wert von Wissen richtig einzuordnen und Wissen richtig anzuwenden. In Amundsens Fall war dies auch Folge seiner Herkunft und Sozialisation. Kaufleute und Seefahrer leben vom praktischen, umsetzbaren Wissen über Kundenbedürfnisse, Einkaufsquellen, Transportwege, Risiken und Chancen. Schiffsbauer müssen mit Expertenwissen auf neuestem Stand immer wieder aus Informationen und handwerklichem Geschick innovative Problemlösungen schaffen. Reeder müssen die Komplexität logistischer Aufgaben beherrschen und so planen, dass Menschen und Waren zur richtigen Zeit den richtigen Ort erreichen.

Roald Amundsen hatte beispielsweise erfahren (auf der Belgica) und analysiert (aus historischer Literatur und Dokumenten), dass ein Expeditionsleiter (Kenntnisse über den Expeditionsgegenstand vorausgesetzt) unbedingt Sachkompetenz über den Transportweg zum Ziel mitbringen muss – daher seine seemännische Ausbildung und später der Erwerb des Pilotenscheins zu einer Zeit, als das Flugzeug nach heutigen Maßstäben den Status eines Spaceshuttles gehabt haben dürfte.

1. Fachkenntnisse

Wer in Sachen Geographie Forscher und Entdecker werden will, muss zu den weißen Flecken auf den Landkarten gelangen – Anfang des 20. Jahrhunderts geschah dies auf dem Seeweg. Auf dem Weg zum Südpol war Amundsen mit seiner Mannschaft über vier Monate mit dem Schiff unterwegs, ein Zeitraum, in dem Gefahren überwunden werden mussten, und ein Zeitraum der konzentrierten Arbeit. Und es waren Monate der Weichenstellung, in der der Führungsanspruch angemeldet und die Führungsrolle eingenommen werden musste. Amundsen hatte bei der Auswertung aller großen Expeditionen ein Spannungsverhältnis zwischen Expeditionsleiter und Kapitän erkannt und er wollte diesen Fehler nicht wiederholen, sondern als echter, erfahrener Seemann von Anfang an das Revier klären.

Können Sie sich vorstellen, für ein anspruchsvolles Projekt erst mal zwei Jahre als Matrose zur See zu fahren, dann das Steuermannspatent zu machen, erneut zwei Jahre an Deck zu stehen, bevor sie dann Kapitän sind? Einfach nur, um die Grundlagen des

Handwerks zu verstehen, die notwendige Fachkompetenz und damit die Grundlage der Akzeptanz durch künftige Mannschaften und Geldgeber zu legen? Amundsen hätte seine formale Fachkompetenz, als Kapitän auch auf den Navigatorenschulen in Bergen oder Kristiana lernen können, aber Navigation lernt man nur auf einem Schiff, am besten von erfahrenen Seeleuten, bei Nacht, in arktischen Stürmen, und nicht im Klassenraum. Und für die mathematisch-physikalischen Grundkenntnisse und das Seerecht wählte er das Selbststudium in der Freiwache, der Freizeit an Bord (in der er oft genug von seinen Kapitänen aus seinem Bett auf die Brücke zitiert wurde, um einen Rat zu geben, wenn es brenzlig wurde).

Amundsen beim Studium an seinem Schreibtisch. Lesen, auswerten, nachvollziehen und in die eigene Strategie integrieren, das war Amundsens Weg des Umgangs mit Erfahrungen anderer.

Bevor Amundsen in die Nordwestpassage, zum Südpol oder in die Nordostpassage startete, wusste er alles über die jeweilige Historie, hatte kleinste Details ausgewertet und zu einem stimmigen Bild zusammengefügt. Amundsen betrachtete und sammelte Informationen wie Schätze, füllte tausende Seiten mit Notizen und Betrachtungen, so auch in seiner Beurteilung der idealen Ausgangsbasis für den Sturm auf den Südpol. Der vergleichenden Lektüre von Expeditionsberichten hatte er entnommen, dass die Ross-Eisplatte seit 70 Jahren unverändert fest lag und daher einen idealen Startpunkt für den Weg zum Pol darstellte. So war er 150 Kilometer näher am Pol als Scott und konnte sich über Shackletons Fehleinschätzung hinwegsetzen, dort zu lagern wäre unverantwortlich und gefährlich (tatsächlich irrte Amundsen in seiner Einschätzung, dass es sich um Festland handeln würde – die Eisplatte hatte aber so lange Bestand, dass das Risiko überschaubar war. Heute allerdings treiben die Reste von Framheim mit großen Teilen der Ross-Eisplatte tatsächlich irgendwo in der Walfischbucht).

Auf der Fram richtete Amundsen eine Bibliothek mit Fachliteratur und Expeditionsberichten ein und die Besatzung wurde an vielen Abenden mit den Hintergründen und Wurzeln ihrer Forschungsreise versorgt. Nicht umsonst stellte er in seinem außergewöhnlichen Werk „Die Entdeckung des Südpols" aus dem Jahre 1912 (veröffentlicht unmittelbar nach seiner Rückkehr vom Südpol) über 100 Seiten Betrachtung der Historie der antarktischen Forschung vorweg – auch der Leser soll sich gründlich vorbereiten auf die Beschreibung der Südpolbezwingung und die Expedition richtig einordnen als historische Leistung. (Eine Kurzfassung finden Sie im Anhang unter der Überschrift „Faszination Antarktis".)

Weil der wissenschaftliche Hintergrund der Nordwestpassage die Vermessung des wandernden, magnetischen Nordpols war, musste Amundsen sein generalistisches Fachwissen um einen weiteren Baustein erweitern: den Erdmagnetismus. Obwohl er in seiner Schulzeit bestenfalls ein durchschnittlicher Schüler ohne sonderliche Ambitionen gewesen ist, fand Amundsen einen Zu-

> **Erster Abschnitt.**
> # Die Geschichte der Südpolarforschung.
>
> Das Leben ist ein Spielball
> Geworfen vom Zufall.
>
> Brisbane, Queensland, 13. April 1912.
>
> Hier sitze ich im Schatten der Palmen, von den wunderbarsten Gewächsen umgeben, schwelge im Genuß der herrlichsten Früchte und schreibe — die Geschichte des Südpols. Wie unendlich fern scheint jenes Gebiet von meiner hiesigen Umgebung zu liegen! Und doch sind es erst vier Monate, seit meine ausgezeichneten Reisegefährten und ich jenen ersehnten Ort erreicht haben. Ich, ich die Geschichte des Südpols schreiben! Wenn jemand vor vier bis fünf Jahren über so etwas ein Wort hätte fallen lassen, würde ich ihn für völlig verrückt erklärt haben.

Ausschnitt aus „Die Eroberung des Südpools" (Amundsen 1912). Amundsen nutzte die Rückfahrt aus der Antarktis, um sein zweibändiges Werk zur Eroberung des Südpols zu schreiben. Er begann mit einer 100-seitigen Betrachtung und Würdigung seiner Vorgänger.

gang zu diesem Thema, denn es brachte ihn seinem Ziel näher. Und weil er keinen Zeitdruck spürte, sondern sich wie sein Vorbild Nansen perfekt vorbereiten wollte, gab er sich nicht mit der Lektüre zufrieden, sondern verbrachte sechs Monate in Hamburg, um den Erdmagnetismus bei Professor Georg von Neumayer zu studieren, der von der Zielstrebigkeit und dem Mut des jungen Norwegers sehr angetan war. Bei Professor Börgen in Wilhelmshaven und Professor Schmidt in Potsdam vertiefte er zusätzlich sein Wissen in Meteorologie, um professionell erfasste Wetterdaten von seinen Expeditionen mitbringen zu können, ohne wiederum einen Experten dazu im Team zu brauchen.

1. Fachkenntnisse

Als Steuermann auf der Belgica hatte er selbst beschaffte, moderne Messgeräte dabei, um in seiner Freizeit Messungen des Magnetismus vorzunehmen. Sein Kapitän de Gerlache betrachtete diese Streberei mit einer Mischung aus Befremden und Amüsiertheit.

Als ehemaliger Medizinstudent hatte Amundsen auch Grundkenntnisse dieses Fachs erworben und zog aus den Erfahrungen den Schluss, ohne Arzt, aber mit verteilten Zweitfunktionen bis hin zum zweiten Offizier als bestem Zahnarzt der Antarktis in die Expeditionen zu ziehen. In Vorbereitung auf seine Fahrt mit der Belgica lernte Roald Amundsen in sechs Monaten Französisch (die Bordsprache), und wie könnte es anders sein, als dies vor Ort bei der entfernten Wikinger-Verwandtschaft in der Normandie zu tun.

Transferbaustein Nr.2

Welche Fachkenntnisse heute wichtig sind, wird vielfach von Kultusministerkonferenzen festgelegt, von Wirtschaftsverbänden oder Lehrergewerkschaften, und alle verfolgen damit offene oder versteckte Ideale und Ziele. Beurteilen Sie selbst, ob Amundsen mit seinem Mix aus Navigation, Magnetismus, Polargeschichte und Französisch heutigen Anforderungen genügen oder vom Bildungssystem als weltfremd und schwer vermittelbar aussortiert würde. Zumal oft angemerkt wird, dass Amundsens Rechtschreibung „ganz eigenen Regeln folgte".

Welche Fachkenntnisse für Sie wirklich wichtig sind, ist untrennbar mit Ihren persönlichen Zielen verbunden. Zwangsweise zum Experten für Genetik, englische Grammatik, Differenzialrechnung und Volleyball zu werden hilft einem Manager nicht. Damit geht nur viel Zeit verloren, die besser mit der begleiteten Suche nach Zielen und Visionen und dem Einstieg in einen zielgerichteten Kompetenzaufbau investiert werden könnte. Eine verrückte Idee? Nicht der von Schule und Politik festgelegte Fächerkanon ist der Maßstab, sondern die Ziele und Pläne der Schüler bestimmen, welche Fachkompetenzen aufgebaut werden – und Motivationsprobleme sind dann auch passee. Niemand musste Amundsen motivieren, Französisch zu lernen, weil er sich so mit der Fahrt der Belgica den Traum seiner ersten Expedition in die Antarktis erfüllen konnte. Wir hätten dann vielleicht ein paar Feuerwehrleute zu viel und ausreichend Lokomotivführer, aber wahrscheinlich weniger frustrierte Schüler, Lehrer und Manager.

Wer heutzutage Führungskraft sein will und sowohl die historischen als auch die aktuellen Grundlagen von Führungsherausforderungen nicht kennt, wer Unternehmen lenken will und die Entwicklungsgeschichte des Unternehmens nicht versteht, wer international agieren will, ohne die Sprache zu sprechen, wer kommunizieren will, ohne die modernen Kommunikationsmedien anwenden zu können, der ist schnell in einer trotzigen Scott-Position und muss Improvisation zum Ideal erklären.

Verschwenden Sie nicht Ihre Zeit über Gebühr mit dem Aufbau einer fremdbestimmten Fachkompetenz – analysieren Sie Ihre Ziele, Ihren „Südpol" und erarbeiten Sie, welche Kompetenzen Sie dafür brauchen werden *(ach – Sie haben noch kein eigenes Ziel? Schade, aber trösten Sie sich, jemand anderes wird Sie schon für seine Ziele einspannen)*. Sie werden feststellen, dass es keine Überwindung braucht und keine Lernblockaden gibt, wenn die Ziele stimmen, für die Sie lernen und Wissen erwerben. Und entscheiden Sie wie Amundsen über die richtige Mischung aus akademisch-theoretischen Grundlagen und Erfahrungswissen.

Fragen Sie sich:

- Was sind Ihre Ziele?
- Für die Erfüllung welcher fremder Ziele haben Sie sich einspannen lassen?
- Welche Fachkompetenzen brauchen Sie wirklich?
- Was ist für Sie die richtige Mischung aus akademisch-theoretischem Wissen und Erfahrungswissen?

2. Erfahrungswissen

Amundsen war kein Mann der Theorie, er akzeptierte sie als Quelle der Vorbereitung oder manchmal nur als notwendiges Übel, um seine Ziele zu erreichen – der akademische Lehrbetrieb erfüllte ihn, den Praktiker, mit Skepsis. Wenn er als Kind auf der Werft seines Vaters mit den zurückgekehrten Seeleuten gesprochen hat, allein oder mit seinem Bruder Leon lange Skitouren unternommen, das städtische Observatorium besucht oder die Erfahrungsberichte der bekanntesten Forscher verschlungen hat, dann, weil ihm bewusst oder unbewusst klar war, dass echte Erlebnisse – ob sie zu Erfolgen oder zu Niederlagen führten – eine zentrale Quelle für künftige Erfolge sind.

Amundsen beherrschte die Technik des Skifahrens von Kindheit an, Skier und Schnee gehörten für ihn einfach zusammen. Zum Pol ohne Skier zu laufen war für ihn auch aufgrund der positiven Erfahrungen von Nansen in Grönland völlig unlogisch. Er konnte als Seemann ausgezeichnet navigieren, also war Navigation für ihn auch zu Lande entscheidend: Mit größter Genauigkeit wurden täglich die Position ermittelt, die Zwischenziele markiert, Abweichungen gemessen und korrigiert. Nichts ist für den Seemann wie den Forscher dramatischer, als sich zu verirren und die knappen Ressourcen für die Suche einsetzen zu müssen. Und was es heißt, sich mit einer ungenauen Karte im Schneesturm orientieren zu müssen (und deswegen beinahe ums Leben zu kommen), hatte Amundsen als Jugendlicher auf dem norwegischen Hochplateau unauslöschlich erfahren.

Amundsen hat von Eskimos im Norden Alaskas alles über das Überleben in extremer Kälte gelernt, er konnte Iglus bauen, mit Hunden umgehen und Hundeschlitten (leidlich) lenken. Von Ende 1903 bis 1906 lebte er immer wieder mitten unter den Eskimos unterschiedlicher Stämme, die sich entlang der Nordküste Amerikas angesiedelt hatten.

Seine Versuche, den Netsiliks oder Kagmalliks die Segnungen der Zivilisation zu vermitteln, scheiterten zwar kläglich, er hingegen lernte Bescheidenheit und Ehrfurcht angesichts einer mächtigen Natur, die es weniger zu besiegen als vielmehr zu verstehen und zu nutzen gilt.

Wie wird Pelzkleidung hergestellt, wie schützen sich die Naturvölker vor Skorbut, wie bewegen sie sich in der Eislandschaft? All das lernte Amundsen aus erster Hand. Und das gab ihm die Gewissheit, dass es nicht die lebensfeindliche Natur ist, gegen die man handelt, sondern dass es der Weg ist, der anders führt als der gewohnte. Es macht auch einen großen Unterschied, ob man wie Scott aus einem Weltreich kommt, das konservativ und traditionell erstarrt ist, oder ob man teilnimmt an der Aufbruchstimmung und Offenheit einer neuen, innovativen Nation. Nur mit der nötigen Offenheit können wir von anderen lernen – und selbst heute müssen wir uns dazu über manchen Dünkel hinwegsetzen.

Jede dieser Kompetenzen unterschied Amundsen von Scott, der sich auf sein Improvisationsvermögen, seine Körperkraft, seine Machtbefugnisse und seinen persönlichen Durchhaltewillen verließ. Amundsen hingegen hatte auf Schiffen wie Magdalena, Jason oder Belgica beobachten können, welcher Menschenschlag sich für extreme Herausforderungen eignet, wie groß die Mannschaft sein darf und vor welchen Menschen er sich besser hüten sollte. Er wusste, wie Menschen unter Extrembedingungen reagieren und wie sie in solchen Situationen geführt, motiviert und stabilisiert werden können.

Transferbaustein Nr. 3

Erfahrungswissen (egal, ob eigenes oder fremdes) ergänzt einen eher akademischen Blickwinkel und steuert einen gesunden Blick für das Machbare bei – zu oft gehen wir aber aus Unkenntnis, Überheblichkeit oder Dummheit an neue Aufgaben so heran, als seien wir die Ersten, die vor diesem Problem stehen. Gerade hier ist der Erfahrungsschatz von Amundsen ein geeignetes Lernfeld für uns.

Wenn wir vor der Aufgabe stehen, ein Projektteam auszuwählen, kann uns zwar die Theorie mit Informationen darüber versorgen, welche Persönlichkeitsprofile einander ergänzen. Zusätzlich gilt es aber für uns, nach den Hanssens und Bjaalands, aber auch den Johansens und de Gerlaches in unserem Umfeld zu suchen (um sie gegebenenfalls zu meiden).

Und wir können von Amundsen lernen, unsere eigenen Erfahrungen ernst zu nehmen und richtig zu nutzen, indem wir ständig Erfolge und Niederlagen reflektieren und die DNA unserer eigenen Erfahrungen freilegen. DNA als Träger des Erbguts ist in diesem Fall als Synonym für die in jedem Ereignis vorhandenen Lernchancen gemeint – Lernchancen, die wir auswerten und verinnerlichen oder über die wir aus Zeitdruck und Desinteresse an Veränderungen allzu oft hinweggehen. Wenn Amundsens tragischer Konkurrent Scott die eigenen Erfahrungen aus vorangegangenen Expeditionen ausgewertet hätte (und wenn er vielleicht nur zehn Erfahrungsberichte anderer Entdecker gelesen und verstanden hätte), dann hätte er vermutlich als Admiral mit 80 Jahren spannende Geschichten zu erzählen gehabt. Doch so ist er mit seiner Mannschaft, noch immer zehn Kilometer von seinem rettenden Vorratslager entfernt, Teil des ewigen Eises geworden.

Mit Blick auf Ihr Ziel:

- Welche Erfahrungen haben Sie bisher gemacht, ohne daraus wirklich gelernt zu haben?
- Welche Erfahrungen anderer sollten Sie gründlich auswerten, bevor Sie die nächste weit reichende Entscheidung fällen?
- Welche Erfahrungen sollten Sie noch machen, bevor Sie Ihr großes Ziel in Angriff nehmen?

3. Lernvermögen und Wissensmanagement

Wissen und Informationen – vor uns liegt die wesentliche Ressource für die Erfolge Amundsens. Weil er sämtliche Erfahrungen anderer ausgewertet und verwertet hat, weil er alle verfügbaren Fakten hatte und weil er in der Lage war, diese in einen praktischen Plan zu transferieren, war er den „Improvisierern" wie de Gerlache, Robert Falcon Scott oder Umberto Nobile weit überlegen. Alle drei genannten „Mitbewerber" um Expeditionserfolge hatten eine Gemeinsamkeit: als Offiziere der Jahrhundertwende vertrauten Sie auf Charisma, Flexibilität und Durchsetzungsvermögen. Sie gingen von dem Dogma eines nahezu unplanbaren Verlaufs einer Schlacht aus, die letztlich mit situativer Entscheidungsfreudigkeit entschieden wurde, und vernachlässigten völlig die Bedeutung der Sammlung und Vernetzung von Informationen.

Amundsens Fähigkeit hingegen, von anderen zu lernen, vorhandene Informationen gründlich aufzuarbeiten, gilt als legendär. Er kannte die Geschichte und die Erfahrungen aller seiner Vorgänger von Franklin über Nansen bis zu Shackleton, Cook und Peary. Nahezu jedes Verfahren der Fortbewegung und des Überlebens in den kältesten Regionen dieser Erde war schon erprobt, bestätigt oder verworfen worden. Im Amundsen-Prinzip ist mit der Zielorientierung die Weitsicht verbunden – diese Weitsicht will aber mit Informationen genährt sein.

Amundsen kannte die Werke von zeitgenössischen Forschern, gerade die von Scott und Shackleton waren für ihn wichtige Vorarbeiten, die er auch ausdrücklich positiv als wichtige Vorarbeit würdigte (Vorarbeit allerdings primär im Sinne von „Was ich besser sein lassen sollte"). Er wunderte sich bestenfalls höflich über die eine oder andere Entscheidung, zum Beispiel dass Scott und Shackleton bereits 1903 schlechte Erfahrungen mit dem Ziehen von Schlitten durch Menschen gemacht hatten und es dann einige Jahre später erneut versucht haben. Amundsen war es bei aller Wertschätzung

3. Lernvermögen und Wissensmanagement

für den Forscher an sich (und damit auch für Scott) unmöglich, die Beweggründe seiner britischen Mitbewerber um den Südpol nachzuvollziehen, zu offensichtlich waren hier ungeeignete Mittel eingesetzt worden. Glück hatten in diesem Zusammenhang nur die englischen Hauskatzen – es wäre vergleichbar absurd (und damit vergleichbar wahrscheinlich) gewesen, diese die Schlitten ziehen zu lassen.

Peary und Amundsen (rechts) bei einem Treffen 1909 in London. Roald Amundsen stellte Peary Fragen über jedes Detail, um sich aus der 18-jährigen Praxis des Arktisforschers für den eigenen Erfolg inspirieren zu lassen und von ihm zu lernen.

Lernprozesse sind natürlich nicht nur aus der Beobachtung anderer Menschen und aus der Verarbeitung praktischer und theoretischer Wissensinhalte möglich, auch der Alltag kann ein ständiger Lernprozess sein. Amundsens Vorbereitungsmonate in Framheim waren eine Geschichte ständiger kleinster Innovationen, um angesichts der zu füllenden Wartezeit mit großer Liebe zum Detail immer besser zu werden. Die Stiefel wurden ständig umkonstruiert und erprobt, bis sie den extremsten Bedingungen gewachsen waren – viermal wurden sie völlig überarbeitet, so lange, bis nichts mehr an die ursprüngliche Form erinnerte. Die Schlafsäcke wurden gegen die Nässe mit Innenfutter versehen, aus dem Problem der anfangs sehr zerbrechlichen Griffe der Hundepeitschen und der unbequemen Brillen gegen Schneeblindheit entstand kurzerhand ein Wettbewerb um die beste Lösung. Die Schlitten wurden so lange umgebaut und abgehobelt, bis sich das Gewicht auf weniger als die Hälfte reduziert hatte – zusammengenommen wurde fast eine Tonne Material abgespeckt, das nicht bis zum Pol gezogen werden musste. Die ganze Innovationskraft wurde auf das große Ziel hin konzentriert, immer im Wechsel zwischen Optimierung und Erprobung, gestützt durch die Bereitschaft, ständig zu lernen, angetrieben von der schier überschäumenden Energie, die ein wirklich großes Ziel auszustrahlen vermag. Auffallend dabei war das exzellent gelöste Spannungsverhältnis zwischen Weitsicht (die häufig dazu provoziert, über die „Kleinigkeiten" hinwegzusehen) und Detailorientierung – Amundsen wusste, dass das Überleben von jedem kleinsten Baustein abhängen kann.

Mühsamer Marsch im Eis. Die Entscheidung, auf Ponys zu setzen, führte bei Scotts Expedition nach kurzer Zeit dazu, dass die Männer die Schlitten selbst ziehen mussten.

3. Lernvermögen und Wissensmanagement

Wie lernte Amundsen, wie gelang es ihm, die Fakten im Kopf zu behalten? Es schien eine Frage der Lernmotivation zu sein, er verschlang jede Information zu seinem großen Ziel, ob aus Büchern, Vorträgen oder Gesprächen. Er brauchte keine motivierenden Lernverfahren, um Wissen auswendig zu lernen – er stellte fest, dass das, was für ihn wichtig war, sowieso in der Erinnerung verblieb. Er ordnete die Informationen, um Fakten nachvollziehen zu können (und sie von Behauptungen und Annahmen unterscheiden zu können).

Es gab keinen Bedarf, Lernprozesse zu etwas von der Wirklichkeit Abgetrenntem zu machen. Seine große Skepsis gegenüber schulischem und universitärem Leben und Lehren mag in der Kluft zwischen Theorie und Praxis begründet gewesen sein, wo immer möglich suchte er deshalb die Lernsituation in der Wirklichkeit, auf den Planken des Seehundfängers um Mitternacht, auf Skiern in der norwegischen Hochebene und in anschaulichen Experimenten im Labor des Professor Neumayer in Hamburg.

Wissen erwerben war das eine, hier war ihm sein „Südpol" eine große Hilfe, sehr diszipliniert und gründlich vorzugehen. Aber das Wissen, das sich nur in seinem Kopf und in seinen Notizbüchern befand, wäre in Grenzsituationen wertlos gewesen, wenn er es nicht anderen zugänglich gemacht, es geteilt und somit vervielfältigt hätte. Wissensmanagement hieß für Amundsen, alle Mannschaftsmitglieder mit Wissen zu versorgen. Er organisierte Pflichtveranstaltungen über Navigation und Meteorologie, Geschichte, Medizin und Geographie, alle Mannschaftsmitglieder sollten zumindest über Grundlagen verfügen. So ließ sich das Team klein halten und der Ausfall Einzelner bedeutete kein finales Risiko (auch sein eigener, potenzieller Tod als Expeditionsleiter sollte nicht zum Scheitern der Expedition führen).

Transferbaustein Nr. 4

Die Notwendigkeit, Informationen zu sichern und verfügbar zu machen, hat sich als wichtiger Erfolgsfaktor in Unternehmen längst rumgesprochen. Doch obwohl wir Informationen als die wichtigste Ressource moderner Unternehmen erkannt haben, gehen wir allzu oft fahrlässig mit der Informationssicherung um – wie oft verschwinden über Jahre mühsam aufgebaute Kompetenzen mit dem Weggang eines Mitarbeiters. Unser Umgang mit Informationen hat demnach drei Dimensionen:

1. Wir müssen uns alle notwendigen Informationen verschaffen, die wir zum Erreichen unserer Unternehmensziele benötigen (zum Beispiel aus der Fachtheorie, aus vorangegangenen Erfahrungen, aus der Beobachtung unserer Mitbewerber, durch Benchmark-Analysen).

2. Wir müssen Systeme schaffen, die relevante Informationen sammeln und von unwichtigen differenzieren, die Prioritäten erkennen lassen und unser Wissen zugänglich und nachvollziehbar machen.

3. Wir müssen die Informationen als Grundlage unserer Entscheidungen auch nutzen und sie mit unseren Mitarbeitern teilen.

Wissensmanagement braucht die Zielorientierung als klare Begrenzung des Spielfelds, damit das erworbene und gesicherte Wissen nicht ausufert. Auf welches Ziel hin soll das Wissen fokussiert sein? Die große Gefahr ist die Info-Kettenreaktion, in der, weil alles mit allem zusammenhängt, der Versuch unternommen wird, letztlich eine dynamische Sternenlandkarte der Milchstraße abzubilden. Die Strukturen des Wissensmanagements müssen der Funktion wie der Zielsetzung folgen und wir müssen die Bemühung um mehr Wissen in die richtige Relation zur Notwendigkeit stellen, eine Handlung aus dem gesammelten Wissen abzuleiten.

3. Lernvermögen und Wissensmanagement

Die Lernprozesse hinter dem Wissensmanagement tragen noch viel zu häufig das tradierte Bild des „rezeptiven Lernens" in sich – möglichst viel Wissen soll im Kopf verfügbar und sofort abrufbar sein. Mit vielen methodisch-didaktischen Kniffen wollen wir unsere Gehirne zu einer höheren und schnelleren Speicherleistung überreden. Alternativ dazu bietet sich eine viel praxisorientiertere und effektivere Methode an (die Amundsen nicht entdeckt, aber praktiziert hat): das problemorientierte Lernen, das, bevorzugt in der Praxis, unter Nutzung von bestehendem Wissen echte Probleme löst und den Lösungsweg sowie positive und negative Erfahrungen gründlich auswertet.

Fragen Sie Experten wie Amundsen und achten Sie darauf, nicht jede Expertenmeinung mit den zehn Geboten zu verwechseln. Sparen Sie sich endlose Know-how-Recherchen durch gutes Sparring mit Praktikern und Experten und bilden sich dann eine eigene Meinung.

Fragen Sie sich selbst:

- Wie gehen Sie mit der Ressource „Wissen" um? Ist es für Sie eine Grundlage, für die Sie sich auch Zeit nehmen (auch innerhalb der Ressourcenbetrachtung im Projektmanagement oder in der Businessplanung)? Oder ist es für Sie eine lästige Pflichtübung, weil es Sie zu sehr an schulisches Lernen erinnert?

- Passiert bei Ihnen der Abruf von Wissen zufällig oder geplant – ist das verfügbare Wissen auch an Bord?

- Wer unterscheidet bei Ihnen zwischen relevanten und unwichtigen Informationen? Wenn Mitarbeiter für Sie recherchieren, kennen diese auch die Zielsetzung und Fragestellung, für die das zusammengetragene Material dienen soll?

- Wird das Wissen in Ihrem Unternehmen, in Ihren Projekten mit den Beteiligten geteilt oder trägt es den gefährlichen Zug des „Herrschaftswissens" in sich?

- Wie funktionieren die hinterlegten Lernprozesse – wird abgespeichert oder angewandt?

> - Wie sorgen Sie dafür, dass die Instrumente stimmen, um Wissen dauerhaft im Unternehmen zu halten und weiterzuentwickeln? Funktionieren sie unaufdringlich oder haben sie eine Eigendynamik bekommen?
> - Welcher Ihrer Mitarbeiter oder Kollegen würde, wenn er nächste Woche überraschend Ihr Unternehmen verließe, große Wissensdefizite hinterlassen? Und welche wissenssichernden, präventiven Maßnahmen können Sie deswegen noch heute einleiten?

4. Methodenwissen

„Was immer ich als Entdecker geleistet habe, war nur das Ergebnis lebenslanger, zielbewußter, mühevoller Vorbereitung und gewissenhafter Arbeit" (Amundsen 1929, S. 9).

So schreibt Amundsen in seinem „Leben als Entdecker" im Jahr 1926. Diese Vorbereitung folgt einer Methodik, sie ist nicht auf Zufälle angewiesen, sondern spart Energie durch eine nachvollziehbare Systematik.

„Sorgfältige, detailbewusste und damit arbeitsintensive Vorbereitung" – diese Überschrift trug auch das Management der Vorräte auf dem Weg zum Südpol. Amundsen wählte unterwegs zum Südpol die richtigen Verfahren. Mit höchster Disziplin legte er mühevoll Vorratslager auf der geplanten Marschstrecke an und trieb den Ausgangspunkt der Reise bis zum 82. Breitengrad nach Süden vor (zum Vergleich: Scotts südlichstes Vorratslager befand sich kurz vor dem 80. Breitengrad und hatte nur etwa 30 Prozent der Masse an Material verglichen mit Amundsens Vorratslager). Das Vorratslager steht hier als Synonym für die von Amundsen kalkulierten Sicherheitsmargen. Bei Verbrauchsmaterial wie Paraffin für die Primuskocher oder bei der Verpflegung in den Depots wurde teilweise mit 300 Prozent und mehr geplant. (Huntford 1989, S. 106)

4. Methodenwissen

Amundsen wusste: Nur wer Wärme und Nahrung in ausreichender Menge an den richtigen Orten vorfindet, kann diese lebensfeindlichen Bedingungen meistern – die Zwischenziele oder auch „Depots" sind entscheidend für die Logistik, für die Orientierung und für ein unerschütterliches Selbstbewusstsein ohne Angst vor Krisen. Selbst ein Vorratslager zu verfehlen würde dann nicht zur Katastrophe. Als die Männer vom Pol zurückkehrten, hatten sie tatsächlich an Körpergewicht zugelegt – trotz eines Marsches von 3000 Kilometern.

Das Projekt Südpol kann nur gelingen, wenn in der Vorbereitung ganze Arbeit geleistet wird. „Wenn wir gewinnen wollen, darf kein Hosenknopf fehlen" – so ging Amundsen an die gestellte Aufgabe heran. Und tatsächlich, in Framheim war die Ausrüstung mit einer Ausnahme komplett: Die Schneeschaufeln waren in einer einsamen Lagerhalle in Norwegen stehen geblieben. Bjaaland fertigte daraufhin in seiner kalten Werkstatt neue, in überlegener Qualität.

Die **Methodenkompetenz** – im Kern betrachtet ist es die **Projektmanagementkompetenz** – war die wichtigste Grundlage für Amundsen, um seine Ziele zu erreichen. Er musste die richtigen Verfahren und Abläufe wählen, Reihenfolgen einhalten, Entscheidungen treffen. Krisen und Konflikte gehörten dazu, sie verliefen in Stadien und folgten (meistens) Regeln – Risiken konnten so berechnet oder zumindest abgeschätzt werden.

Das Amundsen-Prinzip der weitsichtigen Zielorientierung braucht ein Fundament, damit aus Zielen auch Erfolge werden. Aus Amundsens zahlreichen Projekten kann ein aufmerksamer Beobachter eine Systematik entschlüsseln, die seinen (planerischen) Weg nachvollziehbar macht.

Das Amundsen-Projektmanagement:

1. Identifiziere ein wirklich starkes, motivierendes Ziel
2. Identifiziere die für das Ziel notwendigen Kompetenzen und beginne, dich entsprechend der geforderten Kompetenzen zu qualifizieren
3. Bilde ein Netzwerk der Förderer und suche professionelle Mitarbeiter für deinen Weg zum Ziel
4. Plane vom Ziel ausgehend über die Definition notwendiger Zwischenziele – plane exakt und schriftlich auf der Basis von Wissen, nicht auf der Basis von Annahmen oder Vermutungen
5. Identifiziere und beschaffe die notwendigen materiellen Ressourcen und stelle dabei höchste Anforderungen – akzeptiere nie das kleinere Übel
6. Teile das Ziel und alle Informationen und die damit verbundene Motivation mit deiner Mannschaft
7. Frage nicht zu lange um Erlaubnis – fange rechtzeitig mit der Umsetzung an und lerne auch im Projekt ständig dazu
8. Rechne mit Widerständen und Niederlagen – beurteile ständig die Risiken und bilde Reserven
9. Bestimme im laufenden Projekt immer wieder exakt deinen Standort, deine Abweichung vom Ziel und die notwendige Korrektur
10. Behalte im Projekt das Wesentliche vor Augen: physische Existenz, psychische Stabilität, Werte, Zielerreichung, Regeneration der Kräfte

4. Methodenwissen

Was geht hierbei über das „Übliche" hinaus? Bemühen wir ausnahmsweise Robert Falcon Scott, der zeitgleich unter identischen Rahmenbedingungen an der Südpoleroberung scheiterte – nicht als schlechtes Beispiel, sondern als Synonym für die (nur damals?) vorherrschende Normalität. Da wird ein Ziel national oder emotional verklärt und das Projekt mit Prestige versehen. Für Planung wäre zwar genug Zeit, aber man lässt es an der notwendigen Disziplin mangeln und setzt alles auf die Karten „moderne Ausrüstung" und „Flexibilität im Verlauf des Projekts". Erst mal losfahren, den Rest wird man dann schon in den Griff bekommen. Überheblich geht man über vorhandenes Wissen und theoretisch verfügbare Informationen hinweg, man ist eben einmalig und unvergleichlich. Man vertraut auf eine Mischung aus Fortune, kultureller Überlegenheit und physischer oder intellektueller Stärke. Im Projekt ergibt man sich dann den scheinbar unveränderlichen Rahmenbedingungen und konzentriert sich auf die Nabelschau und die Identifikation von Schuldigen statt auf die Lösungssuche. Obwohl man selbst vom Scheitern überzeugt ist, kehrt man nicht rechtzeitig um, sondern will ob der scheinbar immensen Bedeutung eher das Gesicht wahren als das eigene Leben zu retten. Und selbst während des Scheiterns konzentriert man sich noch stärker auf die Rechtfertigung als auf die eigene Rettung.

„Man" steht hier nicht allein für Scott (der mit seinen Gefährten Opfer dieser Anti-Strategie wurde), sondern für alle, die Projekte angehen wie einen Sonntagsspaziergang – und für alle, die einen zweiwöchigen Urlaub besser planen als ein entscheidendes Projekt.

1. Identifiziere ein wirklich starkes, motivierendes Ziel

Im Amundsen-Prinzip haben Sie erfahren, wie wichtig Zielorientierung im Großen ist. Gleiches galt für Roald Amundsen auch in den Teilzielen seines Lebens als Entdecker. Das Ziel lautete für ihn dabei nicht Nordwestpassage, Südpol, Nordostpassage oder Nordpol, sondern Durchquerung der Nordwestpassage, Erreichen des Südpols und wieder zurückkehren etc. Ein kleiner, aber feiner Unterschied. Ankommen, zurückkehren und darüber berichten können war sein Ziel – oder notfalls abbrechen, regenerieren und neu starten. Seine Mannschaft konnte sich darauf verlassen, dass es keine Fahrlässigkeit gab angesichts irrationaler Überhöhung von Zielen. Für den Südpol sterben? Niemals – aber hartnäckig so lange vorbereiten und es immer wieder neu versuchen, bis das Ziel lebendig erreicht ist. Amundsens Mannschaft war neben ihm als Person vor allem den zugrunde liegenden Zielen gefolgt – Zielen, die noch stärker waren als ein einzelner Mensch in all seiner menschlichen Fehlbarkeit. Amundsen hatte diese Ziele und bot sie auch an. Er übte so eine starke Anziehungskraft auf andere aus, die dadurch schnell in seinen Bann gezogen wurden. Da war einer, der genau wusste, was er will, dessen Ziele in die Zeit passten, anspruchsvoll und dennoch erreichbar waren. Es bestand die Chance, Teil von etwas ganz Großem zu werden, und wer sie erkannte, konnte Amundsens Ziele zu seinen eigenen machen.

Visionäre sind oft Einzelgänger – ein Zug, den Roald Amundsen sicherlich hatte. Große Ziele, die durch den Filter der Konsensfindung im Team gehen, verlieren häufig ihre Kraft – und damit auch ihre Anziehungskraft für andere. Dennoch müssen diese Ziele „anschlussfähig sein" – Amundsens Ziele waren es.

Mit seinen Zielen verfügte Amundsen über eine zentrale Entscheidungshilfe: Er konnte jeden Vorgang und jede Gelegenheit überprüfen, ob sie richtig oder falsch waren. Richtig waren sie, wenn sie dazu beitrugen, die Mannschaft heil durch die Nordwestpassage, zum Südpol oder zum Nordpol und zurück zu bringen. Falsch waren sie, wenn sie vom Ziel ablenkten oder es gefährdeten.

2. Identifiziere die für das Ziel notwendigen Kompetenzen und beginne, dich entsprechend der geforderten Kompetenzen zu qualifizieren

„Im geheimen – denn ich hätte es nie gewagt, einen solchen Plan ... vor meiner Mutter zu erwähnen – beschloß ich unwiderruflich, Polarforscher zu werden. Ja, noch mehr, ich fing unverzüglich an, mich für diesen Beruf vorzubereiten ... Ich betrachtete es jetzt als meine Pflicht, meinen Körper auf jede Weise zu stählen und zur Ausdauer zu erziehen" (Amundsen 1929, S. 11)

Seine physische Konstitution stand für den 15-jährigen Amundsen im Mittelpunkt – und die Lektüre aller Expeditionsberichte, derer er habhaft werden konnte. Die Schule musste mit Minimalaufwand beendet werden, das Studium diente als Alibi der Mutter gegenüber, seemännische Fertigkeiten, Praxis in Navigation, Meteorologie und Magnetismus, Sprachen und wirtschaftliches Handeln waren für die selbst gewählte Rolle gefordert. Amundsen füllte seinen imaginären Werkzeugkoffer, um gerüstet zu sein für einen Beruf, der ihn als Generalisten in einem sehr speziellen Gebiet fordern würde. Jedes seiner großen und kleinen Ziele oder auch Projekte und Vorhaben brauchte dabei eigene Kompetenzen – so wie er auf der Belgica Französisch sprechen musste, benötigte er für die Nordwestpassage den Magnetismus, für den Südpol die Logistik und für den Nordpol die Kompetenz des Piloten. Mit den jeweils geforderten Kompetenzen versorgte er sich immer in der Praxis oder bei ausgewiesenen Experten, die schnell durch den Ansteckungseffekt von Amundsens Zielen in der Rolle des Mentors landeten.

Beim Erwerb der Kompetenzen wurde Amundsen schnell deutlich, dass er für spezielle Aufgaben Experten brauchte, deren besonderes Fachwissen er im Allgemeinen zwar kannte, aber in der Praxis und Weiterentwicklung nicht wirklich beherrschte. Um die Leistungsfähigkeit eines Experten beurteilen und ihn dann auch fordern und führen zu können, musste er selbst weit fortgeschritten sein. Und für bestimmte Kompetenzen musste er der Beste sein: als Kapitän der Schiffe, die ihn ans Ziel bringen sollten (um hier keine Akzeptanz zu verspielen und um Konkurrenz zu vermeiden), in der Zielorientierung, der Projektplanungskompetenz und in der Einsatzbereitschaft.

3. Bilde ein Netzwerk der Förderer und suche professionelle Mitarbeiter für deinen Weg zum Ziel

Amundsen wusste, dass es ohne Partner, Mitarbeiter, Förderer nicht geht – allein als Forscher und Entdecker, das kann nicht funktionieren. Das selbst gewählte Ziel war zu komplex, um es ausschließlich aus eigener Kraft zu bewältigen. Bereits die finanzielle Dimension einer Expedition über mehrere Jahre machte ihn auf andere angewiesen – und das, obwohl er sein nicht unbeträchtliches Erbe voll und ganz für die Notdwestpassage einsetzte (und dennoch bei Nacht und Nebel Segel setzen musste, um seinen Gläubigern und der Pfändung seines Schiffes zu entgehen). Fridtjof Nansen, der Grönlandforscher und Diplomat, war sein Vorbild – Amundsen wartete jedoch ab, bis er durch die Fahrt auf der Belgica etwas in die Waagschale werfen konnte, was ihm erlaubte, sich ernst genommen zu fühlen. Dr. Cook, sein Lehrmeister unter de Gerlache, Admiral Peary, der selbst ernannte Nordpolentdecker, Sir Ernest Shackleton, der Fast-am-Südpol-Gewesene, alle boten Orientierung und zum Teil auch wirtschaftliche oder zumindest moralische Unterstützung. Selbst der norwegische König griff in seine Privatschatulle und auch das norwegische Parlament unterstützte das Vorhaben Amundsens. Doch nie reichte die Unterstützung wirklich, immer blieb Amundsen davon abhängig, seinen eigenen Besitz zu riskieren. Immer wieder fanden sich in letzter Minute Geschäftsleute oder begeisterungsfähige vermögende Menschen wie zum Beispiel Lincoln Ellsworth, der die Flüge zum Nordpol finanzierte.

4. Methodenwissen

An seine Mitarbeiter und Partner hatte Amundsen höchste Anforderungen. Er bestand auf Profis, die zu vollstem Einsatz bereit waren, die wie er wissbegierig und zielorientiert waren – und die ihm seine Rolle als Leiter und erster Verwerter der Erfolge nicht streitig machten. Er nutzte die Vorbereitungsphase, seine Mitstreiter kennen zu lernen, ihre Integrationsfähigkeit und Einsatzbereitschaft zu testen und sich ihrer Loyalität zu versichern. Er wusste, in der Krise braucht er unter Umständen bedingungslosen Gehorsam – die Akzeptanz dafür musste im Vorfeld aufgebaut und immer wieder überprüft werden. Diese Menschen galt es zu einem Netzwerk zu verbinden, allein lassen sich Aufgaben dieser Dimensionen nicht verwirklichen.

Amundsen lässt in seinen Büchern keine Gelegenheit aus, seine Förderer und Mannschaftsmitglieder als Schlüssel zum Erfolg zu bezeichnen, persönlich zu würdigen. Die Menschen waren ihm nicht Mittel zum Zweck, die Zusammenarbeit mit ihnen war für Amundsen, wie er es in seiner Südpol-Basisstation Framheim beschrieb, auch Quelle tiefster Befriedigung und vollendeter Zufriedenheit.

4. Plane vom Ziel ausgehend über die Definition notwendiger Zwischenziele – plane exakt und schriftlich auf der Basis von Wissen, nicht auf der Basis von Annahmen oder Vermutungen

Wenn Amundsen ein Ziel als für sich richtig erkannt hatte, dann war die Planung der Zielerreichung eine wirklich motivierende Aufgabe, in deren Verlauf er so gut wie keine Kompromisse einging. Wenn Amundsen den Südpol wählte, dann hat er alle Quellen sorgfältig ausgewertet, Dossiers dazu angelegt und seine Schlüsse gezogen. Er trennte zwischen Fakten, die andere vor ihm geschaffen hatten (hier lobte er insbesondere Sir Ernest Shackleton), den Fehlern, die er bei anderen identifiziert hatte, und den

Vermutungen und Hypothesen, die schnell bei der Hand waren, wenn die Datenlage nicht bekannt oder nicht recherchiert worden war.

Wer zum Südpol wollte, brauchte für den Weg durch das Eis das bestmögliche Transportmittel – Hundeschlitten. Diese Hundeschlitten und eine in ihrer Nutzung erfahrene Mannschaft musste die nächstliegende Ausgangsposition zum Pol beziehen, dort über ein halbes Jahr nicht nur überleben, sondern sich einrichten, lernen, vorbereiten, Kräfte tanken. Um dorthin zu kommen, brauchte es ein leistungsfähiges Schiff, dessen Motoren zuverlässig sein mussten und das Eisgang widerstehen konnte. Und dieses Schiff brauchte einen Kapitän, der sein Handwerk verstand.

Ein Ziel zu erreichen ist eine Verkettung von Zwischenzielen, die sorgsam identifiziert und vorbereitet werden müssen. Zu jedem Zwischenziel braucht es Ressourcen und Kompetenzen, die benannt werden können, wenn man nur genau genug hinsieht.

Amundsens für alle Mannschaftsmitglieder einsehbaren Expeditionspläne waren sorgfältig aufgestellt. Er verließ sich nicht blind auf Intuition und Flexibilität – und war deshalb so erfolgreich und treffsicher, wenn er intuitiv und flexibel handeln musste. Er wusste, dass Genauigkeit zählt, dass Verfehlen eines Vorratslagers zu einer tödlichen Falle werden kann. Er wusste, dass der Erfolg davon abhängt, wie weit er die Vorratslager in der Vorbereitung Richtung Pol vorantreibt und wie er selbst unter ungünstigsten Bedingungen diese wieder finden wird. Er ließ kilometerweit rund um jedes Vorratslager Markierungen aus mitgeführten Bambusstöcken, Warten aus Schneeblöcken und zur Not auch mal aus in den Schnee gesteckten Stockfischen anbringen, um mit absoluter Gewissheit seine Zwischenziele und damit auch die Orte der Regeneration und Neuorientierung wieder zu finden.

Die Vorratslager waren für den Bedarf von acht Menschen ausgerichtet, doch Amundsen entschied sich kurzfristig für die Reduzierung auf fünf Personen und erhöhte so die Sicherheitsmarge erneut.

5. Identifiziere und beschaffe die notwendigen materiellen Ressourcen und stelle dabei höchste Anforderungen – akzeptiere nie das kleinere Übel

Als Roald Amundsen für den Weg zum Südpol plante, standen ihm nur begrenzte finanzielle Mittel zur Verfügung. Das hinderte ihn jedoch nicht daran, in puncto Kleidung, Nahrung, Kartenmaterial, Schlitten, Hunde, Skier keine Kompromisse einzugehen. Nicht Luxus, sondern einzig der Gebrauchswert entschied über die Auswahl seines Materials. Das fiel ihm insofern leicht, da er sich an den Erfahrungen der Naturvölker orientierte und mit Fellen arbeitete und nicht mit auf europäische Verhältnisse zugeschnittener Baumwollkleidung. Und mit vielem war Amundsen ohnehin unzufrieden und ließ es selbst anfertigen – zum Beispiel wurden die Kleidung, die Schuhe, die Skibindungen, die Schlitten und vieles mehr vor Ort erprobt und immer wieder modifiziert, bis alles dann den strengen Anforderungen derjenigen genügte, deren Überleben davon abhing. Während Scott mit einem altersschwachen Schiff gestartet war und nur mit Glück überhaupt die Ausgangsposition erreichte, testete Amundsen die bewährte Fram mit einem innovativen Dieselmotor in einem dreimonatigen Törn in der Nordsee und im Atlantik – und stellte dabei wesentliche Mängel fest, die dann mit aller Konsequenz abgestellt wurden. Die Folge war der erste Einsatz eines Schiffsdieselmotors unter Extrembedingungen – ohne die geringsten Probleme.

Mit gleichen Ansprüchen ließ Amundsen die Bauteile für die Unterkunft Framheim produzieren, probeweise montieren, verbessern und dann wieder für den Transport in den Süden zerlegen. Im Fertighausprinzip entstand so in wenigen Tagen eine isolierte, geräumige Unterkunft (in der Amundsen monatelang mitten unter seiner Mannschaft lebte und nicht wie sein Kontrahent in einem abgetrennten Büro). Als Nahrung stand ausgewogene Kost auf dem Speiseplan – spätestens seit seiner Zeit auf der Belgica hat Amundsen auf Obst, Säfte und Gemüse geachtet und nutzte, wo immer möglich, das auf anderen Expeditionen verpönte frische Seehund- und Pinguinfleisch. Wieder integrierte er vor Ort im Überfluss vorhandene Ressourcen in seine Planung.

An die Qualität der Informationen erhob Amundsen die gleichen Ansprüche: Er kannte sämtliche Literatur zum Thema, hatte sich bei den größten Kapazitäten persönlich mit Informationen versorgt, führte seine umfangreiche Bibliothek auf dem Schiff mit und ließ seine Mitstreiter ebenfalls in jeder freien Minute lesen und sich darüber austauschen.

6. Teile das Ziel, alle Informationen und die damit verbundene Motivation mit deiner Mannschaft

Amundsens Mannschaften waren motiviert, obwohl ihnen mehr abverlangt wurde, als jedem anderen Seemann oder Arbeiter. Jahrelang würden sie sich unter wenig komfortablen Bedingungen, ohne reguläre ärztliche Versorgung und ohne Kontakt zur Außenwelt bewegen – getrieben vom Wunsch, bei etwas Großem dabei zu sein, Einzigartiges zu erleben, ein Stückchen Unsterblichkeit zu erlangen. Und richtig, denn wer würde sonst heute noch einen Hassel, einen Lindstroem oder einen Wisting kennen? Ziele und Visionen können ansteckend sein, daher musste Amundsen seine Ziele teilen, anderen erlauben, mehr als nur Handlanger zu sein – wichtig für eine große Sache zu sein und sich berechtigterweise auch entsprechend wichtig zu fühlen. Unberührt davon war Amundsens Änderung des Ziels vom Nord- zum Südpol noch nach Expeditionsbeginn – aber auch diesen Weg gingen alle mit, weil ja noch etwas viel Großartigeres als das ursprünglich Geplante winkte.

Natürlich war die Heuer ausgesprochen gut, natürlich war Amundsen als Kapitän bekannt, der „ein glückliches Schiff führen kann" (so nennen Seeleute einen Kapitän, der das notwendige Quäntchen Glück an seiner Seite hat). Aber das allein reichte noch nicht aus, um einen solchen Einsatz zu zeigen. Nein – die Motivation rührte aus einem starken Ziel, einem tiefen Vertrauen in Amundsens Fähigkeiten und aus dem Bewusstsein, über alle wesentliche Dinge rechtzeitig informiert zu werden. Amundsen spielte (von der Ausnahme „aus Nord mach Süd" mal abgesehen – hier hätte er durch eine zu frühe Bekanntgabe riskiert, von Nansen und seinen Geldgebern „zurückgepfiffen zu werden") gegenüber seiner Mannschaft mit offenen Karten, weil er wusste, wie Extremsituationen verlaufen, in denen Informationen Herrschaftswissen sind.

Auf der Belgica wurde die Besatzung bewusst über den Plan getäuscht, im Eis zu überwintern, entsprechend schnell zerbrach das Vertrauen in die Schiffs- und Expeditionsführung – einige Matrosen verfielen in der langen Dunkelheit bei Nahrungsmangel sogar dem Wahnsinn. Nicht so in Framheim, hier herrschte absolute Offenheit über alle Planungen, oft genug wurde sogar ausführlich diskutiert und dann demokratisch abgestimmt (so zum Beispiel über den mit hohen Risiken verbundenen Start zum Südpol, der sich dann tatsächlich als zu früh herausgestellt hat). Die Mannschaftsmitglieder fühlten sich ernst genommen, die Gruppengröße war auch aus diesem Grund sehr klein gewählt. Eine Gruppe von neun Leuten, wie in Framheim, ist leichter zu informieren, zu beteiligen und zu einem Team zu formen als große Gruppen mit mehr als zwölf Mitgliedern, die ihrerseits wieder zwangsläufig in Untergruppen zerfallen (mehr Informationen dazu finden Sie im Kapitel „Sozialkompetenz").

7. Frage nicht zu lange um Erlaubnis, fange rechtzeitig mit der Umsetzung an und lerne auch im Projekt ständig dazu

Amundsen riskierte viel zu einer Zeit, in der Konformität und Ritterlichkeit im Wertekatalog ungeschriebener Gesetze ganz oben standen, als er die Öffentlichkeit, seine Geldgeber, seinen Mentor Nansen und sogar den norwegischen König über das eigentliche Ziel seiner Expedition im Dunkeln ließ (um den Begriff

„Täuschung" zu umgehen). Hätte er bei allen, die ein Mitspracherecht hatten, und bei allen anderen, die glaubten mitreden zu dürfen, um Erlaubnis gefragt, dann hätte er wohl den Weg zum Nordpol eingeschlagen und es gäbe heute einen, der nach Peary als zweiter Mann am Nordpol gelten würde, dessen Namen dann aber wohl nur noch die wenigsten kennen dürften. Der Diskussionsprozess hätte endlos gedauert, übrig geblieben wäre bestenfalls ein lauwarmer Kompromiss. Da Amundsen aber niemand war, „der lange um Erlaubnis fragt, wenn er ein Ziel als richtig erkannt hat" (so charakterisiert ihn Nansen mit einer Mischung aus Bewunderung und leichtem Tadel), schloss er zügig die Vorbereitungen ab und brach ohne großes Aufheben auf. So wurde einerseits die öffentliche Erwartungshaltung reduziert, andererseits keine unangenehmen Fragen gestellt.

Planung und Vorbereitung waren Amundsen wichtig, aber es gab auch durchaus fremdbestimmte Einflüsse, die auf den richtigen Zeitpunkt für den Start in ein Projekt wirkten. Amundsen war Scotts Zeitplanung bekannt und mit jedem Tag in Norwegen stieg das Risiko, dass sein wahrer Plan öffentlich wurde.

Wesentliche Teile seiner Vorbereitung waren abgeschlossen, andere waren im Vorfeld weniger effizient zu lösen als nach erfolgtem Start. So waren zum Beispiel die Optimierung der Ausrüstung und das Training der Hundeschlittengespanne an die Erfahrungen vor Ort gebunden, die Weiterbildung der Mannschaft über Hintergründe, Historie und Navigation konnte als willkommene Abwechslung auf der wochenlangen Schiffsreise dienen. Auf diese Weise entstand kein Leerlauf, die Mannschaft war gleichmäßig belastet. Überhaupt entsteht der Eindruck, dass es so gut wie nie Phasen des Stillstands gegeben hat, immer war etwas Sinnvolles zu tun.

Noch während des eigentlichen Wegs zum Pol gab es reichlich Gelegenheit dazuzulernen, so zum Beispiel in der Markierung weiterer Depots mit aus Eisblöcken gefertigten Schneewarten und

4. Methodenwissen

im rechtzeitigen Erkennen und in der Überwindung von Gefahrenstellen. Manchmal stellte die Mannschaft einfach einen überflüssigen Schlitten oben auf die Schneewarte und konnte so sicher sein, dieses auffällige Zeichen später wieder zu erkennen.

8. Rechne mit Widerständen und Niederlagen – beurteile ständig die Risiken und bilde Reserven

Amundsen kannte alle wichtigen Größen in der Antarktis: die Menschen, die kompetent, physisch und psychisch gesund, ein eingeschworenes Team und ihrer Führungskraft gegenüber absolut loyal sein mussten; die Hunde, die gut ausgebildet, genährt und versorgt sein mussten; eine Ausrüstung, die unter allen Bedingungen zuverlässig ihren Dienst erfüllte; Nahrung, die reichlich vorhanden, abwechslungsreich und vor allem vitaminreich sein musste. Und alle diese Faktoren mussten zum richtigen Zeitpunkt am richtigen Ort sein. Eine Zeit-Raum-Berechnung sollte verhindern, dass man am Ende des antarktischen Sommers noch zu weit entfernt von der schützenden Basis ist – und dass das Schiff für den Heimweg im sich schließenden Packeisgürtel einfriert.

Eine überaus komplexe Situation voller Fehlerquellen – Fehler, die weitestgehend vermeidbar sind, in letzter Konsequenz aber vorkommen können. Probleme, gegen die Reserven helfen: einige Ersatzschlitten, die sich bei der Bestückung der Depots als überaus nützlich erweisen, weil sie nicht abgeladen werden müssen, sondern einfach eingegraben werden; überzählige Hunde, die es erlauben, die stärksten auszuwählen; Nahrung im Überfluss, so dass zur Not ein weiteres Jahr in der Walfischbuch überlebt werden kann, und ein ausreichend großes Team, aus dem die eigentliche Polmannschaft ausgewählt werden kann (nach Physis, Kompetenz und Loyalität). Ein in eine Eisspalte einbrechender Schlitten, fehlernährte Schlittenhunde, erfrorene Finger und Zehen, ein Konflikt mit einem Mannschaftsmitglied dürfen nicht Endpunkt der Arbeit von Jahren sein, alle zentralen Faktoren und

Ressourcen müssen ausreichend vorhanden sein. Wie viele Sturmtage müssen eingeplant werden, wie viele Navigationsinstrumente werden bei einer Temperatur von unter −50° C ihren Dienst versagen?

Amundsen wusste aus den Erfahrungsberichten von den Risiken und kalkulierte sie ein, bis hin zu Anweisungen, wie im Falle seines Todes zu verfahren sei (natürlich: „Weiterfahren!")

Und wer mit Widerständen und gelegentlichem Scheitern rechnet, der ist psychisch belastbarer, für den ist nicht jedes Problem gleich ein Grund zum Verzweifeln, sondern Gelegenheit, in einer spannenden Schachpartie eine neue Strategie zu wählen. Als Amundsen und Wisting um ein Haar in eine 30 Meter tiefe Eisspalte abgestürzt sind (nur das hohe Tempo des Hundesschlittens hatte sie davor bewahrt), sahen sie sich tief in die Augen und freuten sich über den glücklichen Ausgang – und blickten dann wieder voller Gelassenheit nach vorne, Richtung Süd. Was soll denen passieren, die für alles gerüstet sind?

9. Bestimme im laufenden Projekt immer wieder exakt deinen Standort, deine Abweichung vom Ziel und die notwendige Korrektur

Amundsen wusste genau: Wer unter diesen Bedingungen den eigenen Weg verfehlt, hat mehr als nur ein Problem, er ist in Lebensgefahr. Ein Vorläufer wie Bjaaland aber, der die Richtung halten konnte, weist den Weg – plus ein Orientierungsschlitten mit Kompass, der die Korrektur vornimmt. Zudem gab es ja eine Führungskraft, die meist von hinten den Überblick behielt, regelmäßig nach den Sternen die eigene Position bestimmte und auf die angemessene Geschwindigkeit achtete. Ein an den Schlitten montiertes Laufrad maß die zurückgelegte Strecke – eine verlässliche Datenbasis um zu ermitteln, wie weit das nächste Depot entfernt war oder wann das angepeilte Zwischenziel erreicht würde.

4. Methodenwissen

Ein Mensch ohne Orientierung, der geradeaus laufen möchte, wird unweigerlich einen großen Kreis laufen – an die Seite menschlicher Einschätzungen muss also zwingend die Absicherung an unveränderlichen Konstanten treten: Richtung, Entfernung vom Ausgangspunkt und zum Ziel, aktuelle Position. Wer dies in aller Ruhe und Genauigkeit vornimmt, spart unter extremen Bedingungen große Energien ein und gewinnt Sicherheit. Wenn Amundsen in seiner Zeit-Raum-Berechnung bestimmte Breitengrade überschritten hätte, ohne dort über die notwendigen Sicherheitsmargen für den Rückweg zu verfügen, wäre er umgedreht, so wie es ihm Sir Ernest Shackleton vorexerziert hatte, als er Anfang 1909, nur 180 Kilometer vor dem Südpol, umgekehrt war – eine bewundernswerte und weise Entscheidung, die ihm und seinen Gefährten das Leben rettete. Seine Berechnung hatte ergeben, dass er zwar den Südpol erreichen, nicht aber wieder zurückkommen könnte. Scott hingegen überließ sich in gleicher Situation dem Glück und dem Irrglauben, höhere Mächte würden ihn beschützen – er verlor viel Zeit bei der Suche nach dem richtigen Weg und kehrte, ausgezehrt und uneinsichtig gegenüber den Argumenten seiner Mannschaft, zu spät um.

Die eigene Position nicht mehr exakt zu kennen und den eigenen Abstand zum Ziel aus den Augen zu verlieren wäre für den Perfektionisten Amundsen unerträglich gewesen – als Seemann wusste er um die Folgen von Desorientierung. Schon als Jugendlicher nach seiner lebensgefährlichen Expedition mit seinem Bruder Leon über die norwegische Hochebene im Winter hatte er seine Lektion gelernt.

10. Behalte im Projekt das Wesentliche vor Augen: physische Existenz, psychische Stabilität, Werte, Zielerreichung, Regeneration der Kräfte

Wer will schon ein toter Held sein – Amundsen wollte das sicher nicht! Und schon gar nicht durch selbst verschuldete Planungs-

und Steuerungsfehler. Forschung und Entdeckungen machten für ihn nur Sinn, wenn man noch anschaulich davon berichten konnte und dafür Anerkennung und Akzeptanz von der Öffentlichkeit zurückerhielt. Amundsen hatte erlebt, wie auf der Belgica im Packeis zu Zeiten des antarktischen Winters Matrosen unter der psychischen und physischen Belastung zerbrochen sind – sicherlich auch, weil sich der Kapitän über die Notwendigkeit der Information, der Lebensqualität, der Orientierung und einer sinnvollen Zeitgestaltung einfach hinweggesetzt hatte.

Ruhepause im Eis. Die Kunst des Ausruhens ist ein Teil der Kunst des Arbeitens – sie verhinderte bei der Mannschaft einen sorglosen Umgang mit den eigenen Kräften, die immer durch Amundsen gebündelt und konzentriert werden mussten.

Amundsens exzellente physische Verfassung (und die seiner Mitarbeiter) strahlte auch auf den mentalen Zustand aus: Wer physische Grenzen überwindet, gewinnt an Selbstvertrauen. Wer die verbrauchten Kräfte in selbst verordneten Phasen der Ruhe wieder zurückkehren lässt, strahlt Souveränität und Gelassenheit aus und ruft auch diejenigen zur Vernunft, die wie im Rausch auf Kosten der Qualität nur noch auf eine allzu schnelle Rückkehr drängen.

Transferbaustein Nr. 5

Mit den folgenden Empfehlungen geht es nun ganz konkret um Erfolgsfaktoren für die Arbeit in Projekten.

Zu 1: Identifikation von Zielen

- Ziele fallen Ihnen nicht in den Schoß – Projekte dafür umso öfter. Fragen Sie den Auftraggeber oder Initiator (das können Sie auch selbst sein):
  - Was ist das Projektziel?
  - Wie kam es zustande?
  - Warum ist es das Projekt wert, mit Priorität getan zu werden?

  Je überzeugender die Antwort ausfällt, umso erfolgreicher wird das Projekt verlaufen.

- Projekte ohne motivierendes Ziel? Wie soll man sich oder andere motivieren, wenn man keine verbindenden Erfolgserlebnisse erzeugen kann? Fragen Sie sich immer wieder, ob es diesen gemeinsamen Südpol im Projekt gibt oder ob alle Beteiligten eigene Süppchen kochen.

- Ein geteiltes Ziel ist die stärkste Gemeinsamkeit einer Mannschaft – die Menschen verpflichten sich auf ein gemeinsames Ziel, es gehen keine Energien verloren, weil keine konkurrierenden Ziele im Raum sind.

- Das Projektziel muss zu Projektbeginn Gegenstand einer formalen Vereinbarung sein – formelle Einzelgespräche dazu verdeutlichen dem Mitarbeiter die Qualität, Brisanz und Folgen der Zielorientierung.

- Kommt das Ziel vom visionären Einzelnen oder von der kraftvollen Gruppe – gleichgültig, es darf nur nicht dauerhaft zur Diskussion stehen und dabei an Energie einbüßen.

Zu 2: Identifikation und Erwerb von Kompetenzen

- Aus der Auswertung des Projektziels und der Projektplanung resultiert der Anspruch an sich selbst und die Mannschaft: Was müssen wir können, um unsere Ziele zu erreichen? Woher bekommen wir die Kompetenz? Müssen wir sie selbst erwerben – oder müssen wir Profis mit ins Team holen?

- Bestimmte Kompetenzen muss der Projektleiter selbst haben, sie sind nicht delegierbar – so zum Beispiel die Fähigkeit, ein Projekt steuern zu können (genauso wie Amundsen ein Schiff steuerte) und die Fähigkeit, die Leistungsfähigkeit einzelner Teammitglieder richtig einzuschätzen.

- Der Projektleiter muss eine Basisqualifikation der Projektteilnehmer durchsetzen: die Integrationsfähigkeit in ein Team (zur Not auch nur zeitlich begrenzt), die Fähigkeit, innerhalb des Teams verständlich zu kommunizieren, und die Bereitschaft, sich dem Projektleiter unterzuordnen, loyal im Sinne der Zielerreichung zu handeln und die Arbeit zu tun, die getan werden muss – ohne Dünkel und Sonderbehandlung im Sinne des Ganzen.

- Parallel zum Projektverlauf findet immer auch ein Lernprozess statt – das Team lernt ständig dazu, wertet gemachte Erfahrungen aus und sichert den Kompetenzgewinn als Empfehlung für den weiteren Verlauf und künftige Projekte.

Zu 3: Networking mit Förderern und Partnern

- Ein Projekt hat immer auch eine soziale Dimension im Sinne einer Vernetzung von Menschen, die durch gleiche oder ähnliche Ziele miteinander verbunden sind. Diese Menschen müssen identifiziert und integriert werden – der Zahl an potenziellen Projektstörern oder -verhinderern muss eine mindestens gleich große Zahl von Projektförderern gegenübergestellt werden.

- Ein stabiles Netzwerk von Unterstützern rund um ein Projekt bewährt sich insbesondere in der Krise, wenn der Rücken frei gehalten werden muss, wenn ungestört in der Sache gearbeitet werden soll und die Förderer zumindest den Zeitvorteil verschaffen, um Tatsachen zu erzeugen und entscheidende Projekthürden überwinden zu können.

- Welche Allianzen können mein Projekt fördern, wessen Interessen sind in die Projektziele integrierbar? Wer möchte gerne seinen Werbebanner auf die sich ankündigende Erfolgsstory aufpflanzen und im Gegenzug wichtige Ressourcen beisteuern? Wer möchte exklusiv von den Fortschritten berichten und schirmt dafür vor Störern ab?

- Nicht zuletzt ist es wichtig, die Projektmitarbeiter auszuwählen, die vom Projektziel motiviert und nicht die geborenen Bedenkenträger sind – Partner, die sowohl Risiken und Hürden voraussehen, sich aber optimistisch und vorausschauend das Erreichen dieser Ziele vorstellen können; die einen Blick dafür haben, was geht; die sich auch persönliche Chancen erhoffen und wissen, wie in Projektteams gearbeitet wird und dass ein Projektleiter eine andere Rolle hat als sie selbst (nämlich den Gesamtüberblick zu halten, die Vernetzung sicherzustellen, Schnittstellen zu optimieren usw.).

Zu 4: Planung von Zwischenzielen

- Ja, das Ziel ist elementar wichtig und ein starker Motivationsfaktor, aber in langjährig angelegten Projekten ist es auch weit weg. Zwischenziele übernehmen dann die Rolle von Motivationsfaktoren und Gelegenheiten zur Weichenstellung.

- Zwischenziele: Auf dem Weg zum Turnaround eines Unternehmens sind sie die verlässliche Absicherung eines Investitionsplans, die Zurückgewinnung der Liquidität, die Optimierung der Produktpalette usw. – Teilprojekte, die den Weg überschaubarer, leichter steuerbar und motivierender gestalten.

- Je exakter und transparenter der Planungsprozess verläuft, umso weniger Platz haben böse Überraschungen und umso mehr Raum gibt es für positive Zufälle (die natürlich keine Zufälle, sondern Folge von sensibilisierter Wahrnehmung einer Vielzahl von Menschen sind).

- Projektmanagement ohne gründliche Analyse der zur Verfügung stehenden Ressourcen ist nicht wirklich intelligent, zu viel Zeit wird verschleudert für die Suche nach Problemlösungen, die es schon lange gibt. Wer eine Unternehmensveränderung plant, ohne die vorangegangen Versuche zu analysieren, wird dieselben Fehler wieder machen. Und vielleicht haben ja ähnliche Unternehmen in vergleichbaren Situationen wichtige Erfahrungen gemacht, die wir kennen sollten.

- Projekte müssen stets durch den Dschungel der Killerphrasen, Bedenkenträger und Verhinderungsspezialisten, die eine beeindruckende Vielfalt an Gründen zu bieten haben, warum eigentlich jedes Projekt zum Scheitern verurteilt ist. Lassen Sie sich nicht entmutigen, sondern fühlen Sie den Phrasen und Behauptungen auf den kranken Zahn: Was genau wollen die Kunden nicht? Welche Daten liegen dazu vor? Wer im Betriebsrat macht das nicht mit? Wann haben wir das schon mal erfolglos versucht?

Zu 5: Identifikation und Beschaffung von materiellen Ressourcen

- Auch wenn wir in unseren Projekten nur selten in „eisdruckfesten Schiffen" und noch seltener in Pelzkleidung unterwegs sein werden, sollten wir darauf achten, dass das von uns eingesetzte Material (Werkzeug, IT, Büroeinrichtung, Firmenwagen) in gutem Zustand ist, das wirkt sich auf den Erfolg unserer Projekte aus. Das PCP-verseuchte Büro ohne Tageslicht mit der Eternitdecke aus den späten Sechzigern wird sicher nicht Ort der Innovationskraft sein.

- Das kleinere Übel als Synonym für den faulen Kompromiss muss oft für eine mangelnde Konfliktbereitschaft des Projektleiters herhalten. „Mehr Unterstützung war leider nicht loszueisen." „Jetzt haben sie uns wenigstens einen Rechner mehr gegeben (auch wenn wir zehn gebraucht hätten)." „Offizielle Überstunden sind nicht drin – vielleicht könnt ihr ja am Wochenende mal privat ..." Ehrgeizige Ziele werden nicht erreicht, indem Projektleiter bei jedem Nein gleich aufgeben – hier gilt es, den Ressourceneinsatz konsequent in einen intelligenten Zusammenhang zu den möglichen Erfolgen zu stellen. („Wenn Sie uns

24 Stunden zusätzlichen Zugang zum Rechenzentrum geben, werden wir das Projekt 14 Tage früher abschließen. Das sind in einer Vollkostenbetrachtung fast 45 000 Euro, die wir so einsparen werden.")

- Ein Projektteam, das über Wochen in einem verrauchten Raum von Pizza und Kaffee lebt (lebt?), ignoriert die Ressource Gesundheit. Gleiches gilt für Projekte, die nur funktionieren, weil alle 20 Stunden am Tag arbeiten. Projektleiter mit Niveau schaffen menschliche Rahmenbedingungen, in denen Mitarbeiter auch dauerhaft leistungsfähig bleiben.

Zu 6: Ziele und Informationen als Motivationsfaktor der Mannschaft

- Gibt es Mitarbeiter in Projekten, die sich nicht für die Projektziele interessieren, die ihren Beitrag abliefern und wieder gehen, die gar nichts davon wissen wollen, wie das Projekt strukturiert ist, welche Erfolgsfaktoren identifiziert wurden? Solche „Mitarbeiter" sind eher „Leiharbeiter", die ohne groß zu stören und ohne Mitspracherecht zuverlässig und leise ihren Beitrag leisten – aber sie sind nicht Teil des Projektteams. Das ist nämlich über alle Schritte informiert, kennt die Zusammenhänge, den Status und partizipiert am Projekterfolg (und sei es anfangs nur durch einen Projektleiter, der den Beitrag jedes wesentlichen Mitspielers ins rechte Licht rückt).

- Ein sicherer Weg zu demotivierten Teammitgliedern im Projekt oder zur Verdoppelung von Fluktuation und Projektkosten ist die Reduktion der Mitarbeiter auf die Sachfunktion, Verweigerung von Zusatzinformationen und Vereinnahmung des Projekterfolgs durch den Projektleiter.

- Wie motivierend sind die Ziele, die Sie als Projektmanager anzubieten haben? Oder gelingt es Ihnen einfach nicht, motivierende Ziele auch motivierend darzustellen und zu verkaufen? Wollen Sie möglichst effizient nach 90° Süd oder wollen Sie schlafende Eisprinzessinnen wach küssen? Dann sollten Sie schnell noch einmal nachlesen, wie Amundsen auf der Rede von Funchal den Wechsel vom Nord- zum Südpol argumentiert hat.

Zu 7: Rechtzeitiger Start in die Umsetzung ohne zu viel Rückversicherung – lernen im Projekt

- Welches Schicksal erleben Projektleiter, die immer um Erlaubnis fragen? Sie werden wahrscheinlich nie ein Projekt anfangen, geschweige denn zu Ende bringen. Rund um Projektarbeit gibt es immer widerstrebende Interessen, manches muss einfach erst mal getan werden, bevor man die Wirksamkeit beurteilen kann.

- Neben guter Projektplanung gibt es auch zu gute Projektplanung – nämlich die, die so viel Zeit in Anspruch nimmt, das die Projektergebnisse zu spät kommen. Lieber die drittbeste Lösung zum richtigen Zeitpunkt als die beste, die leider zu spät zur Verfügung steht.

- Auch in bereits laufenden Projekten ist durchaus Zeit für „Innovationen im Projekt" durch detaillierte Optimierung der Instrumente (nicht theoretisch vor dem Projekt, sondern unter Live-Bedingungen). Das Schaffen geeigneter Instrumente/Werkzeuge/Verfahren wird zum parallel ablaufenden Teilprojekt, nicht zur Vorarbeit. Wer als Vertriebsleiter das Projekt Marktbearbeitungsstrategie so lange hinausschiebt, bis die neue CRM-Software fertig ist, wird auch überrascht sein, dass der Wettbewerber dem Kunden zu Weihnachten einen Christstollen schickt.

Zu 8: Widerstände, Risiken und Niederlagen kalkulieren

- Es gibt keine Projekte ohne Krise, ohne Widerstand, ohne Rückschritte – Gott sei Dank! Denn dann gäbe es auch keine Notwendigkeit, Projektmanager zu beschäftigen, dann würden die Sachbearbeiter die ewig gleiche, routinierte Projektarbeit machen. Dann gäbe es keine scheinbar zufälligen Innovationen aus schwierigen Projekten mehr, dann hätten Controller endlich Zeit genug für die Beurteilung von Kosten-Nutzen-Relationen (geringe Kosten – geringer Nutzen).

- Auch wenn Krisen dazugehören – wir müssen sie nicht künstlich provozieren, indem wir uns schlecht vorbereiten und unprofessionell steuern. Oder lassen Sie sich die defekten Bremsen in Ihrem Wagen nicht reparieren, damit wieder mehr Abenteuer in Ihren Alltag kommt?

Die Probleme kommen von ganz allein und dann ist es gut, wenn wir Reserven eingeplant haben: etwas mehr Zeit als nötig, ein nicht ausgereiztes Budget, einen Auftrag in der Schublade ...

- Identifizieren Sie die wesentlichen Risiken, die Ihr Projekt zum Scheitern bringen können: eine Abteilung, die integriert werden muss, aber die Zusammenarbeit verweigert; eine Technologie, für die die Lizenz noch nicht erworben wurde, usw. Sichern Sie sich im frühestmöglichen Projektstadium gegen diese finalen Risiken ab oder ziehen Sie die Notbremse, falls Sie Gefahr laufen, Ihre wertvolle Energie sinnlos einzusetzen.

Zu 9: Mehrmals im laufenden Projekt Standort und Zielabweichung bestimmen plus notwendige Korrektur

- Projektstrukturpläne entwickeln einen besonderen Charme, wenn wir ihnen entnehmen können, ob ein Projekt noch auf Kurs ist – ob wir dem Zeitplan schon hinterherlaufen oder das Projekt abbrechen müssen, weil die Ziele nicht rechtzeitig erreicht werden können (oder sogar sinnlos geworden sind).

- Der Abbruch eines Projekts kann ein sehr intelligenter, konsequenter Schritt sein, der verhindert, dass „schlechtem (=verlorenem) Geld weiter gutes Geld hinterhergeschmissen wird". Vielfach werden aber Projekte wider besseres Wissen fortgesetzt, einfach nur weil man einmal damit angefangen hat und schon so viel Geld investiert wurde.

- Ohne detaillierte Planung, ohne Ziel und Zwischenziel, ohne Messkriterien und „Exit-Szenarios" („wann steige ich aus – wie steige ich aus?") können Sie Projekte nicht wirklich professionell beurteilen.

Zu 10: Das Wesentliche im Projekt vor Augen behalten

- Achtung: Ein Projekt ist ein Projekt – und das bedeutet, dass es nur in Ausnahmefällen mit einer Leben-oder-Tod-Brisanz verknüpft ist. Vieles ist ein großes Spiel, ein Abenteuer, eine Forschungsreise, die uns wichtig ist, die wir aber tunlichst auch leicht und sogar spielerisch angehen sollten.

- Körperliche Fitness und ein guter gesundheitlicher Zustand erleichtern es enorm, die in Projekten versteckten Belastungen auch zu überstehen, auch und gerade die psychischen.
- Zu anspruchsvoller Projektarbeit gehört auch sinnvolle Regeneration. Projekte entwickeln gelegentlich den Liebreiz eines Blutegels, der seinen Wirt langsam aussaugt. Was anfangs noch als sehr gesund gilt, wird irgendwann zum Problem. Echter Erfolg hat auch eine zeitliche Dimension – wenn Sie sich mit einer starken ersten Runde im Boxkampf verausgaben, verspricht das kein guter Abend für Sie zu werden.

Ein Unternehmer steht mit seiner Firma vor schweren Zeiten, der wichtigste Kunde hat sich wegen eines Gerüchts von ihm getrennt und es fehlen auf einmal 30 Prozent der Umsätze bei unverändert weiterlaufenden Kosten. Da wäre es doch gut, zu wissen, wie das Unternehmen vor beinahe zehn Jahren eine vergleichbare Situation gemeistert hat. Oder wie der Wettbewerber reagiert. Oder wie das Problem in vergleichbaren und in scheinbar nicht vergleichbaren Branchen gelöst wird. Was empfehlen die Wissenschaftler und was die Unternehmensberater? Gibt es Analogien in der Natur? All das könnte er heute wissen – und vor einem Schnellschuss aus der Hüfte („Kosten sparen – koste es, was es wolle") durchdenken. Sachkompetenz schützt vor diesen Schnellschüssen und vor großen Investitionen, die den Zweck haben, das Rad neu zu erfinden. Sachkompetenz (ob als Fach-, Methoden- oder Erfahrungswissen) schützt außerdem vor unnötigen Fehlern (die ihre Ursprünge allzu oft in hektischen, unreflektierten Entscheidungen haben und in Unkenntnis verfügbarer Fakten geschehen) – Fehlern, die oft genug schon andere vor uns gemacht haben.

4. Methodenwissen

Ein Projektmanager wundert sich, warum in seinem 20-köpfigen Projektteam ständig zwischenmenschliche Konflikte herrschen, Vereinbarungen nicht eingehalten und Budgets überschritten werden. Und wäre es für ihn nicht gut, seinen Experten besser auf die Finger schauen zu können, die Zusammenhänge von Teamgröße und Teamerfolg zu kennen, Grundsätze der Budgetkontrolle, der Projektsteuerung, die Auswahl und Integration von Profis im Griff zu haben? Sind Projektmanager nicht erfolgreicher, wenn sie wie Amundsen über Grundlagen des Expertenwissens verfügen und die so genannten Fachleute nur für die wirklichen Fachfragen nutzen?

Oft gehen wir an Probleme heran, als seien wir die Ersten, die vor diesem Problem stehen, oder als sei alles mit dem berüchtigten gesunden Menschenverstand zu lösen, der sich bei näherem Hinsehen oft als gar nicht so gesund erweist. Wir vertiefen uns in die Lösungssuche und umgeben die selbst gefundene, oft improvisierte Lösung mit dem Glorienschein der Innovation. In der Regel ist es aber Unwissenheit über all das, was schon erprobt, bewährt, gescheitert ist. Oft müssen wir uns hinterher eingestehen: „Wenn ich das vorher gewusst hätte." Die Goldgrube „Wissen", „Erfahrung" und „Methoden" wird mit einem Lächeln als rückständig und tradiert abgetan – und bleibt daher für alle verschlossen, die statt zu lernen einfach nur improvisieren.

"Dieser Mann, dessen Energie und Bescheidenheit ich oft bewundern durfte, ... vermeidet es, zu glänzen, obwohl er Gelegenheit dazu hätte; er bleibt zurückhaltend, lächelt nur wenig und spricht nie von sich selbst."

(Louis Delavaud, französischer Botschafter;
nach: Huntford 2000, S. 163)

B Selbstkompetenz

Niemand hat Amundsen je gefragt, was sein Ich, seine Persönlichkeit, ausmacht. Vielleicht hätte Amundsen selbst es auch gar nicht präzise beschreiben können – aber wer kann das schon.

Roald Amundsen in Polarausrüstung aus Rentierfellen, nach Vorbild der Netsilik-Eskimos. „Der Sieg des Menschen über die Natur ist nicht ein Sieg brutaler Kraft, sondern ein Sieg des Geistes", schreibt Amundsen in seinem letzten Buch. (Amundsen 1929, S. 272) „Und ein Sieg der Persönlichkeit" möchte man ergänzen.

Welche Persönlichkeitsfacetten sind es, die einen erfolgreichen Polarforscher ausmachen?

Die Faktoren, die Amundsen in seiner Autobiographie selbst als die entscheidenden Faktoren für den Erfolg eines Unternehmens in den Polarregionen aufzählt, geben wenig Aufschluss. Hier dominieren Fachkompetenzen und Planungsfähigkeiten:

- Vorsichtigste Berechnung
- Gesundes Urteil
- Unendliche Geduld bei der Ausarbeitung jeder Einzelheit der Ausrüstung
- Vorsicht bei der Durchführung (Amundsen 1929, S. 272)

Als „Rüstzeug des Entdeckers" benennt er an anderer Stelle:

- Ein gesunder und durchgebildeter Körper
- Klugheit und Bildung einschließlich Kenntnis aller Erfahrungen, die in früheren Expeditionen gemacht wurden
- Gründliches Verständnis jener wissenschaftlichen Probleme, zu deren Lösung seine Forschungen beitragen können
- Gründliches Verständnis für den Gebrauch der wissenschaftlichen Instrumente (Amundsen 1929, S. 241f.)

Erneut stellt er Fachkompetenz und Wissen in den Vordergrund.

Sven Hedin, schwedischer Forschungsreisender, Zeitgenosse und Bekannter Amundsens beschreibt hingegen noch andere Stärken Amundsens: Neben seinem unbegrenzten Mut und seiner allen Hindernissen trotzenden Energie besaß Amundsen demnach auch ein beträchtliches Selbstvertrauen und Optimismus sowie Klugheit und diplomatische Geschmeidigkeit.

Selbstkompetenz

Sir Ernest Shackleton, der große irische Polarforscher und Abenteurer, hielt, um bei Polarexpeditionen erfolgreich zu sein, drei Dinge für wichtig: Optimismus, Geduld und physische Stärke. (Kvam jr. 1999, S. 25f.) Interessanterweise spielten für Shackleton unterschiedliche Elemente der Selbstkompetenz die zentrale Rolle, während bei Amundsen sachorientierte Kompetenzfelder zumindest viel häufiger benannt werden. Übrigens wurde Shackleton tatsächlich ein echter Held der Polargeschichte, obgleich er, mangels der letzten Portion Fach- und Methodenkompetenz, bei keiner seiner Expeditionen die selbst gesetzten Ziele erreichte.

Die „selbstbezogene Kompetenz", auch Persönlichkeitskompetenz oder Ich-Kompetenz genannt, verstehen wir als ureigene Ressource der Persönlichkeit, als das Reservoir, aus dem wir Menschen schöpfen. Jeder Erfolg und jede Unternehmung dreht sich wie um eine unsichtbare Achse um diesen Faktor „Ich".

Während sich die Sozialkompetenz – interpersonal – nach außen richtet, orientiert sich Selbstkompetenz – intrapersonal – nach innen. Selbstkompetenz subsumiert die Fähigkeiten, kompetent mit sich selbst umzugehen – und dreht sich dabei um die Zielsetzungen:

- Selbstachtung haben und auf dem Wissen um die eigenen Stärken und Schwächen Selbstsicherheit und Selbstvertrauen aufbauen

- Selbstgefälligkeit, Selbstbetrug und Selbstdemontage vermeiden

- Wirklich selbstständig werden und Selbstbestimmtheit anstreben

- Selbstbeherrschung haben und unkontrollierte Ausbrüche des Selbst eindämmen

- Sich im Selbstgespräch mit Selbstlob und Selbstkritik begegnen und dadurch sich selbst kennen lernen und Selbsterkenntnis erlangen
- Die Abstufungen zwischen Selbstzentriertheit und Selbstlosigkeit ausloten
- Ein Selbstverständnis und schließlich das eigene Selbst entwickeln
- In sich selbst ruhen und aus sich selbst schöpfen
- Mit sich selbst auskommen und mit sich im Reinen sein

Seit einiger Zeit begegnen uns vermehrt verschiedenste Ansätze des „Selbstmanagements". Die Bücher zu diesem Thema füllen Wände und die meisten Buchhandlungen haben gesonderte Ecken zur Auseinandersetzung mit dem eigenen Selbst eingerichtet. Wenn Sie sich auf die Suche begeben, werden Sie vieles zum individuellen Umgang mit Stress, mit Ängsten, Konflikten, Niederlagen und Verlust, aber auch zum Management von Zeit und Zukunft, von persönlichen Zielen und Visionen und nicht zuletzt über die Wege zu Gesundheit, Gelassenheit und Zufriedenheit finden. Und oft werden Sie dabei kleinere oder größere Antworten auf die spannende Frage entdecken:

Welche Wesenzüge, welche inneren Fähigkeiten und Stärken braucht eine Führungskraft, um die Herausforderungen des Lebens meistern zu können?

Wie setzt sich nun aus unserer Sicht Amundsens Selbstkompetenz zusammen?

Allem voran sicherlich – wie im Amundsen-Prinzip bereits beschrieben – aus seiner Fähigkeit, Visionen und Ziele zu entwickeln. Darüber hinaus aus seinem Selbstbewusstsein, dessen

Ursprünge kaum in seinen schulischen, wohl aber in seinen sportlichen Leistungen gelegen haben mögen. Amundsen, der sich seiner Stärken bewusst war, bewegte sich auf der Basis fester Werte und Grundsätze. Aus beiden Quellen konnte er Energie und Willenskraft schöpfen und so Herausforderungen mit Lust und positiver Einstellung begegnen. Er vermochte Grenzen sowohl anzuerkennen als auch zu überwinden und wusste sich in Ergänzung zu seinem messerscharfen Verstand auch auf seine Emotionalität und seine Intuition stützen zu können.

Die fünf zentralen Elemente von Roald Amundsens Selbstkompetenz, die im Folgenden näher beschrieben werden, sind:

1. Werte und Grundsätze
2. Selbstbewusstsein und Zuversicht
3. Willenskraft und Energie
4. Lust auf Herausforderungen und Wettkampf
5. Emotionalität und Intuition.

Die Erfolgskompetenzen zum Amundsen-Prinzip

Amundsen bei der Erprobung eines Hebedrachens, den er 1910 für Erkundungszwecke hat konstruieren lassen. Als weitere Kompetenz Amundsens zeigt sich hier seine Bereitschaft, Neues auszuprobieren, sowie seine Experimentierfreude.

1. Werte und Grundsätze

„Det var da fanden!" – „Geh zum Teufel!" So hatte Helmer Hanssen auf der Expedition durch die Nordwestpassage einmal in Wut einem der Eskimos zugeflucht. Bei den Eskimos, egal ob jung oder alt, sprang dieser norwegische Ausspruch in Windeseile von Mund zu Mund. „Das sind keine Ausdrücke, die man primitiven Menschen beibringen sollte. Ich möchte nicht, dass sie bei uns lügen, fluchen oder stehlen lernen", lautete Amundsens Reaktion. (nach: Calic 1961, S. 97)

Amundsens Leitgedanken lassen eine hohe Überschneidung mit den klassischen abendländischen Tugenden entdecken, Werten, die zurückgehen auf Aristoteles und von dem Kirchenlehrer Thomas von Aquin christlich angereichert wurden:

- Zuverlässigkeit und Treue
- Gerechtigkeit und Wahrhaftigkeit
- Maßhaltigkeit und Bescheidenheit
- Gnädigkeit und Nachsicht

Wenngleich sich auch die altgedienten Sekundärtugenden Pünktlichkeit, Ordnungssinn, Fleiß und Sauberkeit in Amundsens Wertekatalog finden – „Ohne Pünktlichkeit geht man nie sicher" pflegte er zu sagen (nach: Arnesen 1931, S. 187) –, nehmen wir hier insbesondere die oben aufgeführten Tugenden unter die Lupe.

Zuverlässigkeit und Treue

Auf der gemeinsamen Antarktisfahrt mit der Belgica 1897 bis 1899 lernte Amundsen den Amerikaner Dr. Frederick Albert Cook kennen. Über ihre gemeinsame Arbeit auf der Belgica schreibt er:

Die Erfolgskompetenzen zum Amundsen-Prinzip

Dr. Frederick Cook. Amundsen schätzte den Schiffsarzt Dr. Cook als den „einzigen, dessen Mut nie wankte, der die Hoffnung nie aufgab, der stets zuversichtlich und heiter und zu allen gütig und freundlich war" (nach: Sullivan 1996, S. 43)

„... aus dieser Zeit stammt meine Liebe und Dankbarkeit für ihn, die durch nichts in seinem späteren Leben beirrt zu werden vermochte. Er war der einzige auf dem ganzen Schiff, dessen Mut niemals sank, der immer heiter, stets voll Hoffnung und unermüdlicher Hilfsbereitschaft war" (Amundsen 1929, S. 37).

1. Werte und Grundsätze

Cook behauptete, am 21. April 1908 den Nordpol erreicht zu haben, was bereits damals, und wie wir heute wissen, zu Recht angezweifelt wurde. Er wurde der Hochstapelei beschuldigt, war in Wirtschaftbetrügereien verwickelt und verbrachte einige Jahre im Gefängnis.

Als Amundsen im Frühling 1926 durch die Vereinigten Staaten reiste und Vorträge über sein Unternehmen mit den Flugbooten N24 und N25 hielt, führte ihn sein Weg durch Kansas City, nicht weit entfernt von dem Staatsgefängnis von Fort Leavenworth, in dem Cook einsaß. In „Mein Leben als Entdecker" schreibt er:

„Ich erinnerte mich meiner Bekanntschaft mit Dr. Cook ... erinnerte mich auch meiner Dankesschuld an ihn für die Güte, mit der er mich in meiner damaligen Unerfahrenheit beraten hatte, und fand, daß ich, der ich seinem erfinderischen Scharfsinn, mit dem er uns aus den Gefahren jener Expedition gerettet hatte, mein Leben verdankte, nicht weniger für ihn tun konnte, als die kurze Reise nach dem Gefängnis zu unternehmen, um meinen ehemaligen Wohltäter aufzusuchen. Wäre ich meinem Gefühl nicht gefolgt, dann hätte ich mich der niedrigsten Undankbarkeit und der verächtlichsten Feigheit zeihen müssen. Ich will über Dr. Cooks spätere Laufbahn nicht urteilen und habe es auch damals nicht getan. Die Tatsachen, die zu seiner Gefangensetzung führten, sind mir gänzlich unbekannt und ich habe auch nicht den Wunsch, sie kennenzulernen oder mir eine Meinung über sie zu bilden. ... Was immer Cook getan haben mag, der Cook, der es tat, war nicht jener Dr. Cook – die Ehrenhaftigkeit und Güte selbst, und mit einem löwenmutigen Herzen –, den ich als junger Mann kannte" (Amundsen 1929, S. 85f.).

Amundsen sollte für diese Dankbarkeit und unbeirrbare Treue in der amerikanischen Presse üppig Schelte und Verleumdungen ernten, in deren Anschluss auch Einladungen zu Vorträgen zurückgezogen wurden.

Hier dokumentierte Amundsen vielleicht schon fast trotzige Treue. Menschen gegenüber, denen er sich verpflichtet fühlte, entwickelte er oft eine unbefristete und uneingeschränkte Verbundenheit, die Züge einer halsstarrigen Nibelungentreue trug. Im Punkt seiner Treue sich selbst gegenüber können wir nur mutmaßen. Hier und da scheint er sein Pflichtgefühl wichtiger genommen zu haben als seine eigenen Bedürfnisse und Wünsche: „Leon, diesmal hat mich nicht die Leidenschaft ins Eis gebracht, sondern das Gefühl der Pflicht", schrieb er an Bord der Maud während der missglückten Drift Richtung Nordpol. (aus dem Film „Abenteuer im Eis. Leben und Sterben des Roald Amundsen")

Gerechtigkeit und Wahrhaftigkeit

Anfang 1911 führte Amundsen, was das Ziel seiner Expedition anbelangte, nicht nur die Engländer hinters Licht, sondern auch seinen Gönner Nansen, der ihm die Fram überlassen hatte, sowie die vielen Geldgeber, das norwegische Parlament und den König.

Ist das ein Indiz, das für Amundsens Unehrlichkeit spricht, wie ihm von vielen – vor allem englischen – Kritikern vorgeworfen wurde? Oder lässt es sich als strategische Intelligenz nicht nur entschuldigen, sondern sogar anerkennen? Urteilen Sie selbst.

Amundsen hatte eine große Aversion gegen Ungerechtigkeit. Als er im Sommer 1926 als Expeditionsleiter den ersten Transpolarflug der Geschichte mit der „Norge" unternahm, braute sich schon bald ein Unheil zusammen, das ihn nachhaltig verbittern sollte. Der italienische Konstrukteur und Pilot des Luftschiffs, Umberto Nobile (deutsch: „Der Noble"), verhielt sich vor, während und insbesondere nach dem Flug nach Amundsens Meinung alles andere als „großmütig, edel gesinnt oder menschlich vornehm".

1. Werte und Grundsätze

General Umberto Nobile 1928 vor seinem zweiten Polarflug mit der „Italia"

Nobile hatte, wie Amundsen schreibt, „… die Stirne gehabt, außer dem Ruhm des Piloten, … auch den größeren Ruhm der Expedition selbst für sich in Anspruch zu nehmen" (Amundsen 1929, S. 179f.). Das in der Tat egozentrische Verhalten Nobiles, der auch vor dem Missbrauch von Wahrheit nicht zurückschreckte, muss Amundsen tief und nachhaltig in seinem Gerechtigkeitsverständnis im Sinne eines „Ehre, wem Ehre gebührt" getroffen haben. Die Abrechnung mit dem ungeliebten Gegenspieler in seiner Autobiographie „Mein Leben als Entdecker" macht mehr als ein Drittel des Gesamtumfangs aus. Hier schreibt er sich verbittert und mit verdrießlicher Sprache die Kränkung von der Seele. Er schreibt über Nobiles feilschendes Diktat der vertraglichen Bedingungen vor dem Flug. Nobile ließ sich als Pilot gut bezahlen und war der Einzige, für den eine hohe und nachvollziehbarerweise sehr teure Lebensversicherung abgeschlossen wurde, auf die er bestand.

Amundsen schildert Nobiles Unzulänglichkeiten als Pilot: Der Norweger Riiser-Larsen, der Amundsen und Ellsworth auf dem Flug mit N24 und N25 bereits als Pilot begleitet hatte, hätte die Norge mehrfach durch sein couragiertes schnelles Eingreifen retten müssen. Auch Nobiles mangelnde Selbstbeherrschung sowie dessen andersartiges Werte- und Gerechtigkeitsempfinden beschreibt Amundsen ausführlich: Der italienische Oberst hätte es aus seinem Verständnis als Offizier heraus grundsätzlich abgelehnt, mit Hand anzulegen, was für Amundsen, wenn er gebraucht wurde, stets selbstverständlich war. Auch die Ungleichbehandlung der Besatzung durch Nobile, hier Italiener, dort die Norweger, geißelt Amundsen:

„Im letzten Augenblick erklärte Nobile, sie (für die Norweger extra angefertigte warme Fliegeranzüge) wegen ihres Gewichts nicht mitnehmen zu können. Riiser-Larsen und die anderen Norweger waren daher genötigt, den Flug von Rom nach Spitzbergen in ihren gewöhnlichen Straßenanzügen mitzumachen. Die Italiener hingegen erschienen beim Abflug von Rom in herrlichen Pelzen und mit allem Erforderlichen ausgestattet .... Selbst Riiser-Larsen, der abgehärtete und im nördlichen Klima aufgewachsene Riese, kam zähneklappernd in Spitzbergen an ... Die Anzüge aller Norweger zusammengenommen wogen bestimmt weniger als ein Mensch. Nobile führte mehrere überflüssige Passagiere mit, deren jeden einzelnen er leicht hätte zurücklassen können. Dieser Vorfall war aber nur ein Glied in der Kette der Zurücksetzungen ..." (Amundsen 1929, S. 169).

Maßhaltigkeit und Bescheidenheit

In seinen Zielen war Amundsen sicherlich alles andere als bescheiden. Und mit dem Maß, das er für seine Unternehmungen anlegte, orientierte er sich stets daran, Erster sein zu wollen. Dennoch wäre

1. Werte und Grundsätze

es grundverkehrt, Amundsen Maßlosigkeit und Unbescheidenheit vorzuwerfen.

Insbesondere zur Bescheidenheit hatte Amundsen ein zwiespältiges Verhältnis: „Ich will das Fell des Bären, der noch in der Arktis herumläuft, nicht verkaufen", verweigerte Amundsen einem Journalisten vor der Eroberung der Nordwestpassage einen Ausblick. (nach: Calic 1961, S. 75)

Amundsen liebte es nicht, öffentlich aufzutreten, und sträubte sich gegen Lobreden. Er entzog sich mehr als einmal ungeliebten Ehrungen und Einladungen zu Festansprachen. Vor und nach seinen Flugexpeditionen verwies er fragende Journalisten bevorzugt an seinen amerikanischen Partner Lincoln Ellsworth.

Einerseits wollte Amundsen bei Journalisten und in der Öffentlichkeit nie wirklich im Mittelpunkt stehen, der damit verbundene Rummel war ganz und gar nicht seine Sache. Andererseits belegt gerade auch sein bereits erwähnter Zwist mit Nobile, dass er es noch viel weniger ertragen konnte, wenn ihm in der Öffentlichkeit ungerechterweise die Show gestohlen wurde.

Fernab des Rampenlichts, auf seinen Expeditionen, zeigte sich oft ein anderer Amundsen: Das besondere Moment wirklich als erster Mensch den Südpol zu erreichen, und sei es auch nur mit ein paar Metern Abstand, nahm er nicht für sich selbst in Anspruch, sondern überließ es bewusst und anerkennend seinem Kameraden Bjaaland, dem ehemaligen Skiweltmeister, dessen Leistung und Wert für den gewonnenen Wettlauf Amundsen sehr wohl einzuschätzen wusste.

Die Erfolgskompetenzen zum Amundsen-Prinzip

Amundsen bei einer Feierlichkeit mit Byrd (Mitte) und Ellsworth (rechts). „Ehre, wem Ehre gebührt" – gerne überließ er anderen das Rampenlicht, wenn er ihre Leistungen akzeptierte.

In seinen Büchern schildert Amundsen die enormen Leistungen seiner Expeditionen zumeist in unspektakulärem Licht. Die Rückkehr vom Südpol war demnach kaum mehr als eine lange Skitour gewesen. Amundsen schrieb: „Ehe wir es recht merkten, waren wir an unseren Ausgangspunkt zurückgekehrt ... herzlich von unseren Kameraden begrüßt, die uns noch lange nicht zurück-

1. Werte und Grundsätze

erwartet hatten" (nach: Huntford 1989, S. 140). Nennen Sie es Bescheidenheit, Understatement oder mangelndes wirtschaftliches Kalkül – es kostete Amundsen lange Jahre einiges an Bewunderung durch die sensationslüsterne Öffentlichkeit, die viel mehr Gefallen an den heroischen Schilderungen eines Scott (postum) oder eines Shackleton fand. Und letztlich kostete es ihn auch wirtschaftlichen Erfolg in Form von Auflagenhöhen, Pressehonoraren und finanzieller Unterstützung nachfolgender Vorhaben. Das änderte sich erst nach seiner Aufsehen erregenden – im Grunde jedoch nicht erfolgreichen – Flugzeugexpedition in Richtung Nordpol im Jahr 1925.

Gnädigkeit und Nachsicht

Bei diesem Punkt scheiden sich die Geister der schreibenden Zunft. Einerseits finden wir eine Legenden bildende Verklärung des Menschen Amundsen, andererseits ein unnachsichtiges Aburteilen.

Im Kern ranken sich die unterschiedlichen Betrachtungen um zwei zentrale Vorkommnisse in Amundsens Leben. Bleiben wir zunächst bei der bereits angesprochenen Konstellation mit Umberto Nobile.

Seinen verkündeten Ruhestand gab Amundsen auf, als er am 25. Mai 1928 die Nachricht erhielt, dass Nobile mit einer italienischen Expedition in der Arktis verschollen sei. Da Nobiles neues Luftschiff „Italia" mit einem Funkgerät ausgerüstet war, konnte sein Absturzort schnell lokalisiert werden. So begann ein Wettlauf der Rettungsmannschaften, einerseits gegen die Zeit und andererseits, wenn auch unausgesprochen, darum, wer die Rettung als Erster schafft. So machte sich auch Amundsen auf den Weg und beteiligte sich mit einer Maschine samt Besatzung aus Frankreich an den zahlreichen Rettungsexpeditionen. Am 18. Juni 1928, auf den Tag genau drei Jahre nach dem glücklichen Rückflug vom 88. Breitengrad, startete Amundsen zu seinem Hilfeflug für Umberto

Nobile und die Mannschaft der „Italia", von dem er nicht mehr zurückkommen sollte. „Roald Amundsens Lebenswerk ist beendet, und sein Einsatz im Tode war würdig seines Einsatzes im Leben", formulierte der norwegische Kronprinz bei einer späteren Gedenkansprache. (nach: Arnesen 1931, S. 227)

Amundsen mit den beiden Nordpol-Piloten Wilkens und Eielson am 25. Mai 1928 im Klub der Norwegischen Luftfahrt. Während dieser Feier erhielt er die Nachricht: „Nobile und ‚Italia' verschollen!"

Der große schwedische Weltenbummler Sven Hedin schrieb dazu: „Er hat die größte Tat seines Lebens vollbracht. Ist er tot, so kann man mit Fug und Recht sagen, daß sein Abgang in hohem Grade edel

1. Werte und Grundsätze

und vornehm war, ein nobleres Ende konnten seine gigantischen Erdenwanderungen nicht finden" (nach: Arnesen 1931, S. 227).

Der norwegische Journalist Odd Arnesen zitiert Nobile, der später über Amundsen schrieb: „Seine großmütige und edle Tat geschah mit der Unmittelbarkeit, die eine überlegene Seele kennzeichnet" (Arnesen 1931, S. 228).

Fest steht, dass Amundsen bis zur Nachricht vom Absturz der Italia keinerlei Gnade für Nobiles Fehlverhalten aufbrachte.

Auf einen Zusammenprall mit Hjalmar Johansen in der antarktischen Eiswüste kommen wir im Kapitel „Sozialkompetenz" vertiefend zu sprechen. Amundsen reagierte hier auf eine in der Sache berechtigte Kritik seines Mannschaftsmitglieds Johansen beinhart konsequent: Er schloss den „Querulanten" von der eigentlichen Eroberungsfahrt aus. Aber finden Sie Ihr eigenes Bild, ob und in welchem Maß Nachsicht und Gnade unter den unbarmherzigen Gesetzen von Extremsituationen angesagt und möglich sind.

Über die klassischen Tugenden hinaus, nahm Amundsens Achtung vor dem Leben einen wichtigen Platz in seinem Wertekodex ein. Als seine Männer in der Antarktis ihren Jagdinstinkten freien Lauf ließen und Seehunde und Pinguine aus purer Lust am Jagen und Töten erlegten, schritt Amundsen energisch ein. Den Mitgliedern der Expedition war es streng untersagt, Tiere zu töten, die man nicht verwenden konnte.

Wisting schrieb später darüber: „An diesem Abend war Amundsen sehr niedergeschlagen, weil wir all diese Tiere sinnlos getötet hatten. Mir ist in meinem Leben kaum, falls überhaupt jemals, ein Mensch begegnet, der Tiere so liebte wie er. Es war einer seiner Charakterzüge, die uns halfen, ihn mehr schätzen zu wissen. Selbst diejenigen unter uns, die ihrer Natur freien Lauf gelassen und dabei ihre Manieren vergessen hatten, sahen sich nach kurzem Nachdenken schließlich gezwungen, einzugestehen, daß er Recht hatte. Danach wurden nie mehr Tiere getötet, wenn es nicht nötig war" (Wisting 1930, S. 27).

Zwei Männer beim Abhäuten von Seehunden vor der „Fram"

In seinem Tagebuch notierte Amundsen: „Ich liebe von Natur aus Tiere und ziehe es deshalb vor, ihnen nichts zu tun. Aus diesem Grunde widerstrebt es mir zu jagen. Ich käme nie auf den Gedanken, ein Tier – mit Ausnahme von Ratten und Fliegen – zu töten, es sein denn, um menschliches Leben zu erhalten" (nach: Huntford 1989, S. 89).

Auch wenn Amundsen in seiner Verpflegungsplanung die Hunde als Frischfleischrationen, die zudem nicht einmal transportiert werden mussten, einkalkulierte, belastete ihn dieses Vorgehen, weil er seine Hunde wirklich mochte. Als er bei einer verunglückten Depotfahrt die Hunde bis zur Erschöpfung getrieben hatte, notierte er später:

1. Werte und Grundsätze

„Dies ist meine einzige trübe Erinnerung an den Aufenthalt dort im Süden – daß diese prächtigen Tiere so sehr überanstrengt wurden. Ich hatte mehr von ihnen verlangt, als sie leisten konnten ... Wie hart und gefühllos wird man doch unter solchen Verhältnissen! Wie sich die ganze Natur des Menschen verändern kann! Ich glaube auch sagen zu dürfen, daß ich meine Hunde unter normalen Verhältnissen herzlich lieb hatte, und dieses Gefühl war ganz gewiß gegenseitig. Aber die Verhältnisse hatten eben allmählich aufgehört, normal zu sein. Oder war ich selbst vielleicht nicht mehr normal? ... Die tägliche Mühe und Arbeit und das Ziel, das ich nicht aufgeben wollte, hatten mich roh gemacht" (Amundsen 1912, S. 337f.).

Transferbaustein Nr. 6

Werte geben uns Rückhalt und Orientierung, wenn wir in den Strudeln des Alltags den festen Stand zu verlieren drohen.

Amundsens Worte über seine zunehmende Verrohung machen zudem sehr deutlich, wie groß der Einfluss von Rahmenbedingungen auf die Umsetzung unsere Werte im täglichen Leben sein kann. Werte sind zwar stabil, unter Druck treten jedoch Züge auf, die tiefer liegende Werte, wie in Amundsens Fall das Sichern des eigenen Überlebens, vor höhere Werte und Ideale schieben können.

Fragen Sie sich selbst:

- Welche Werte und Grundsätze bestimmen Ihr tägliches Tun und Lassen?
- Woher stammen diese Werte – haben Sie sie unbewusst übernommen oder haben Sie sich bewusst für oder gegen einzelne entschieden?
- Welche dieser Werte sind Ihnen wert, dass Sie sie anderen weitergeben möchten?
- Welche Werte möchten Sie vielleicht auch infrage stellen?
- Welche Grundsätze sind Ihnen in der rauen See des Alltags schon ab und an auf Grund gelaufen und havariert?
- Welche tiefer liegenden Werte oder Motive haben sich in Ihrem Leben schon mal überraschend in den Vordergrund geschoben?

2. Selbstbewusstsein und Zuversicht

Der englische Amundsen-Kenner Roland Huntford schreibt von den Tagebucheintragungen eines englischen Schulmädchens, das Amundsen während dessen Vortragsreisen im Anschluss an die Südpoleroberung begegnete: Am interessantesten war für sie, „daß Amundsen uns erzählte, viele Leute hätten ihn gefragt, was für einen Sinn es denn habe, zu versuchen, den Südpol zu erreichen usw. Der Mann sagte mit äußerster Verachtung: ‚Kleine Geister haben nur Sinn für Brot und Butter'" (Huntford 1989, S. 7).

Selbstbewusstsein, also sich seiner Selbst, seiner Fähigkeiten, Stärken und Vorlieben auch im Vergleich zu anderen bewusst zu sein, gilt seit jeher als Dreh- und Angelpunkt erfolgreichen Handelns. Müßig erscheint die klassische Henne-Ei-Frage, was denn nun zuerst käme, das Selbstbewusstsein oder der Erfolg. Unbestritten ist deren wechselseitiger Zusammenhang.

Vergegenwärtigen wir uns zunächst, vor welch extremem Visionshorizont sich Amundsens Selbstbewusstsein entwickeln konnte. „Think big" war für ihn keine Floskel. Er begnügte sich nicht mit dem alltäglichen Leben, wie es Millionen anderer Menschen tun. Er dachte in großen Kategorien und war sich dieser unzweifelhaft auch völlig bewusst, wie die oben geschilderte Anekdote mit dem englischen Schulmädchen verdeutlicht.

Dieser Blick fürs Große fasziniert umso mehr, als Amundsen zu Recht auch als ein Meister des ganz kleinen Details gilt. Dass er sich dabei im Alltag nicht verzettelte, lag zweifelsohne an seiner ausgeprägten Gabe, Detailaufgaben mit sicherem Blick für den richtigen Mann delegieren zu können.

Amundsens Zuversicht schien grenzenlos und unterstützte sowohl sein enormes Selbstvertrauen als auch seine Lust auf Herausforderungen. Er verfügte über die Gabe, sich die Dinge nicht schlecht zu reden (oder zu denken), sondern zuversichtlich zu bleiben. Bei der Südpoleroberung erlebten er und seine Männer

2. Selbstbewusstsein und Zuversicht

Amundsen mit Shackleton (Mitte) und Peary (rechts) in New York 1913. „Think big" war für ihn keine Floskel.

nach drei Tagen ihren ersten Schneesturm. Sein englischer Rivale blieb, wie aus seinen Tagebüchern hervorgeht, bei solchem Sturm im Zelt. Amundsen hingegen brach wie gewöhnlich auf und bemerkte trocken: „Ehe die Sonne aufgeht, kann man nicht wissen, wie der Tag wird" (nach: Huntford 2000, S. 295). An jenem dritten Tage ließ das Schneetreiben übrigens nach und die Gruppe legte an diesem Tag 72 Kilometer zurück.

Scott erlebte insgesamt sechs Tage mit starken Stürmen und marschierte an keinem davon. Amundsen sah sich 15 Sturmtagen ausgesetzt und zog davon an acht Tagen weiter.

Die Tatsache, dass Amundsen zusammen mit Grieg, Ibsen und Nansen recht bald zu jenen gefeierten Norwegern gehörte, die ihr

Land aus der Verschwommenheit nördlicher Nebel ins allgemeine Bewusstsein brachten, lässt vermuten, dass der Erfolg und die Anerkennung zu Amundsens Selbstbewusstsein beigetragen haben. Die Wurzeln jedoch müssen an anderer Stelle zu finden sein.

Was waren die Quellen von Amundsens ausgeprägtem Selbstbewusstsein und seiner unerschütterlichen Zuversicht?

- Amundsen wusste genau, was er konnte.
  Aufgrund seiner mehrjährigen, vor allem praktischen Lehrzeit inklusive der vielfältigen Erfahrungen polarer Expeditionsarbeit hatte Amundsen eine untrügliche Kenntnis über seine Stärken, seine physische Konstitution, sein Wissen und seine Fähigkeiten.

- Amundsen war stets exzellent vorbereitet.
  Selbst seine Kritiker würdigen seine Fähigkeiten des Planens und Vorbereitens als schlichtweg genial. Seine Erfahrungen zeigten ihm, dass er sich auf seine Vorsicht und seinen Weitblick sowie auf sein planerisches Geschick verlassen konnte.

- Amundsen arbeitete mit Profis.
  Amundsen suchte für sein Team Männer, die auf ihrem jeweiligen Gebiet wirkliche Spitzenklasse waren – und damit in der Regel besser als er selbst. Somit wusste er, dass er sich nicht ausschließlich auf sich selbst verlassen musste. Das Wissen um die Qualität seiner Mannschaft konnte Amundsen viel Zuversicht vermitteln.

Natürlich beeindrucken die Erfolge Amundsens, die in direktem Zusammenhang mit seinem Selbstbewusstsein stehen. Ebenso faszinierend sind jedoch die Wechselwirkungen zwischen seinem Selbstbewusstsein und seinem Verhalten: So vermochte er seine Stärken auch durchaus in Relation zu denen seiner Mannschaft zu setzen, was es ihm sicherlich erleichtert haben mag, sich selbst auch infrage zu stellen. Auf der Südpolexpedition wusste er mit Bjaaland den besseren Skiläufer und mit Hassel und Hanssen überlegene Hundeschlittenführer an seiner Seite. Anlässlich eines schwierigen Anstiegs während der Südpolfahrt schrieb Amundsen: „Vor den Hunden zu gehen ... war, wie ich sah, eine Sache, die Bjaaland viel besser verstand als ich, und ich überließ ihm darum diesen Platz" (nach: Arnesen 1931, S. 104).

Dass er mit Hassel, Hanssen, Lindstrom und Johansen gleich vier Männer unter sich hatte, die im Vergleich zu ihm selbst zum Teil mehr oder zumindest gleich viel Erfahrung als Polarfahrer hatten, war für Amundsen und sein ausgeprägtes Selbstbewusstsein keine Belastung. (Hand aufs Herz: Wie viele Führungskräfte kennen Sie, denen es leicht fällt, sich damit zu arrangieren, dass ihre Leute in mancherlei Hinsicht besser sind als der Chef?)

Amundsen vermochte es, seine Männer um Meinung und Rat zu fragen, ja sich überzeugen und gar überstimmen zu lassen. Ein eindrucksvolles Beispiel lieferte er während der Nordwestpassage: Bei heftigem Sturm lief die Gjöa auf Grund. Und wie immer in schwierigen Situationen besprach er sich mit seinen Gefährten. Nach zwei Tagen erfolgloser Versuche bereitete sich Amundsen darauf vor, das Schiff aufzugeben, griff jedoch auf Drängen des ersten Steuermanns, Anton Lund, zum letzten Mittel und ließ große Teile der Ladung über Bord werfen. Mit Erfolg: Der Wind trieb die erleichterte Gjöa vom Riff. Anschließend dankte Amundsen Lund für dessen Initiative. Vor dem ersten Anlauf zum Pol ließ Amundsen über den bevorzugten Aufbruchtag geheim abstimmen. „Schön dumm", wird Hassel dazu zitiert. (nach: Huntford 2000, S. 340)

Die Erfolgskompetenzen zum Amundsen-Prinzip

Anton Lund, der erste Steuermann der Gjöa. Er war nicht nur der älteste der Mannschaft, sondern auch der erfahrenste. Vor der Nordwestpassage war er bereits Kapitän eines Seehundfängers und 25 Jahre lang in der Arktis gefahren. Er bewahrte in einer kritischen Situation durch sein beherztes Engagement die Expedition vor dem Scheitern.

Dies unterscheidet blindes egozentrisches Selbstbewusstsein von reflektiertem, abgewogenem Vertrauen in sich und in andere. Wer das nicht vermag – der Vergleich mit unzähligen gescheiterten Expeditionsleitern oder auch Führungskräften drängt sich hier unerbittlich auf –, beschneidet sich auch die Möglichkeiten, aus eigenen Fehlern lernen zu können.

2. Selbstbewusstsein und Zuversicht

Transferbaustein Nr. 7

Selbstbewusstsein ist einer der Grundstoffe des Erfolgs. Dazu zählen ein positives Bild von den eigenen Möglichkeiten, eine realistische Einschätzung der eigenen Stärken und Schwächen sowie Zuversicht auch in schwierigen Wettern. Selbstbewusste Menschen haben diese besondere Ausstrahlung: Ihre Souveränität bietet uns Orientierung, wir können uns von ihrer Energie anstecken lassen und von ihnen lernen.

Wir selbst können daran arbeiten, indem wir

- uns unsere Stärken und Schwächen bewusst machen
- uns bewusst machen, woher diese Stärken und Schwächen stammen
- unsere Erfolge wahrnehmen, sie nicht gering schätzen, sondern sie feiern
- die kleinen, oft versteckten Anerkennungen und Wertschätzungen nicht übersehen
- unsere Misserfolge auswerten und zum Gegenstand von Lernprozessen machen
- Kritik gegenüber aufgeschlossen bleiben und darin die Chance auf Verbesserung erkennen
- uns regelmäßige Erfolgserlebnisse verschaffen – und sei es beim Sport, beim Kochen, beim Basteln usw.
- Niederlagen als normale Bestandteile unseres Lebens akzeptieren – sie aber auch hinter uns lassen können
- lernen, uns für die Erfolge anderer begeistern zu können und uns anstecken zu lassen
- lernen, dass wir gut sind – selbst wenn andere besser sind
- uns in einem Tagebuch die Erfolgserlebnisse festhalten – um uns in schwierigen Momenten daran zu erinnern

3. Willenskraft und Energie

"Obwohl mir das Fußballspiel nicht zusagte, beteiligte ich mich doch daran, denn ich betrachtete es jetzt als meine Pflicht, meinen Körper auf jede Weise zu stählen und zur Ausdauer zu erziehen. Den Skilauf aber betrieb ich mit natürlicher Lust und größter Begeisterung. Jede freie Stunde, die mir die Schule ließ, vom November bis zum April, eilte ich ins Freie, durchforschte die Hügel und Berge, die Oslo umgeben, erhöhte ich meine Geschicklichkeit im Bezwingen von Eis und Schnee, und härtete meine Muskeln für das künftige große Abenteuer" (Amundsen 1929, S. 11).

Das Ziel, also zu wissen, was man will, oder der Fokus des Willens, ist die eine Sache. Der Weg zum Ziel und insbesondere die notwendige Willenskraft und Energie für diesen und auf diesem Weg stehen definitiv auf einem anderen Blatt. Gleichwohl und es mag banal klingen: Im Kern müssen es Amundsens klare Ziele gewesen sein, die Ursache seiner schier unbegrenzten Willensstärke waren. Wo sonst nimmt ein einzelner Mensch einen derartigen Tatendrang und derartige Schubkraft her?

Als Roald Amundsen sich im Teenageralter entschloss, Polarforscher und Entdecker zu werden, fing er unverzüglich an sich auf diesen Beruf vorzubereiten. Eine klare Vorstellung vor Augen, vermochte er bereits in jungen Jahren sich klar zu fokussieren. Konzentration auf das Wichtige und Wesentliche würden wir es heute wohl nennen. Da gab es keinen Platz mehr für Dinge oder Anliegen, die mit dem eigentlichen Ziel hätten in Konkurrenz treten können. So ist von seinem Interesse für eine Frau erst viel später in seiner Lebensgeschichte zu lesen: Im Jahre 1909, interessanterweise kurz vor dem Start Richtung Antarktis, lernte er Sigrid Carstberg, die Frau des norwegischen Anwalts Leif Carstberg, kennen und begann mit ihr eine Liaison, die er jedoch unmittelbar nach seiner Rückkehr vom Südpol abrupt wieder beendete.

3. Willenskraft und Energie

Seine jugendliche Orientierung ging in ganz andere Richtung: Lange bevor körperliche Fitness zum Kult wurde, erkannte Amundsen deren eminente Bedeutung für seine Vorhaben. Mit den beiden einzigen Sportarten, die man seinerzeit in Norwegen betrieb, Fußball und Skilaufen, begann er sich die notwendige Konstitution zu erarbeiten.

Der Arzt, vor dem er mit 21 Jahren zur militärischen Musterung stand, brach angesichts Amundsens körperlicher Fitness in laute Bewunderung aus. Er rief sofort noch eine Gruppe Offiziere herbei, die dieses Wunder ebenfalls besichtigen sollten – und übersah vor lauter Begeisterung über Amundsens Körperbau dessen Kurzsichtigkeit.

Amundsen bewahrte sich seine physische Fitness bis zu seinem Lebensende. Sein Ertüchtigungsprogramm konnte sich allerdings auch sehen lassen: Zu Hause in Norwegen versäumte er seine Morgengymnastik niemals. Vom zeitigen Frühjahr bis zum Herbst hinein badete er täglich im Meer und seine einsamen zweistündigen Spaziergänge durch Wald und unwegsames Gelände absolvierte er jeden Vormittag – bei jedem Wetter.

Auf der Expedition mit der „Maud" lief einiges anders als gewünscht und geplant und Amundsen musste mehrfach auch körperliche Nehmerqualitäten zeigen. 1918 zog er sich bei einem schweren Sturz eine komplizierte Schulterverletzung zu. Auf der vereisten Laufplanke zwischen dem Verdeck seines Schiffs und dem es umgebenden Eis wurde er vom Wachhund des Schiffs so heftig angerempelt, dass er den Steg hinabstürzte und mit seinem ganzen Gewicht auf die rechte Schulter fiel. Eine Woche später rettete ihn derselbe Hund, nachdem ihn der gezielte Prankenhieb einer Eisbärenmutter bereits niedergestreckt hatte, im allerletzten Moment vor dem sicheren Ende. „Nie in meinem Leben war ich dem Tode so nahe gewesen", kommentiert Amundsen in seinem letzten Buch die Szene nüchtern. (Amundsen 1929, S. 97)

Drei Jahre später ließ sich Amundsen seine Schulterverletzung von zwei Ärzten in Seattle diagnostizieren: „Sie sagten mir, daß meine Schulter nach den Röntgenbildern in einem Zustand sei, der theoretisch jeden Gebrauch des Armes unmöglich mache" (Amundsen 1929, S. 98). Amundsen jedoch hatte es, getrieben von seiner enormen Willenskraft, durch entschlossenes tägliches Training über mehrere Monate hin geschafft, dass sein Arm wieder völlig gebrauchsfähig war.

Es sollte allerdings nicht bei Armbruch und Bärenangriff bleiben. Die Beleuchtung und zugleich Heizung eines fensterlosen Observatoriumraums, eine schwedische Patentlampe, bei der mittels einer Handpumpe Petroleum vergast wurde, kostete ihn fast das Leben. Die wegen eines Defekts ausströmenden giftigen Gase bemerkte Amundsen, der allein in dem Raum arbeitete, in buchstäblich letzter Sekunde. Es sollte Tage dauern, bis das heftige Herzklopfen aufhörte, und Monate, ehe er sich wieder anstrengen konnte, ohne Herzbeschwerden zu haben. Der Urteilsspruch eines Londoner Herzspezialisten im Jahr 1922: „Keine Expeditionen mehr. Wenn Sie länger als nur wenige Jahre leben wollen, müssen Sie sich aller körperlichen Anstrengungen enthalten" (nach: Amundsen 1929, S. 115). Ob Leichtsinn oder Willenskraft – neun Monate später zog Amundsen mit Hundeschlitten durch Alaska – 800 Meilen im Novemberschnee mit einer durchschnittlichen Leistung von 50 Meilen pro Tag.

Sein Tagebuchkommentar dazu: „Ich möchte weder die Fähigkeit des Arztes anzweifeln noch mir ein Denkmal setzen, aber die Arbeit hat mir trotz allem neue Kräfte verliehen" (nach: Calic 1961, S. 179).

Offenbar verfügte Amundsen über die Fähigkeit, gerade in besonders schwierigen, manchmal sogar ausweglosen Situationen die Kraft seines Willens zu steigern und zu gebrauchen. In den Jahren 1922 bis 1924 hatte er, der nahezu unaufhörlich unter Geldmangel litt, große Schwierigkeiten, seine fliegerischen Vorha-

3. Willenskraft und Energie

ben zu finanzieren. „Ich war näher dran, voll tiefster Verzweiflung aufzugeben als jemals zuvor in den 53 Jahren meines Lebens" (aus dem Film „Abenteuer im Eis. Leben und Sterben des Roald Amundsen").

Ein reicher amerikanischer Geschäftsmann bot Aussicht auf Besserung. Als er Amundsen fragte, „Was werden Sie tun, wenn ich mich nicht entscheide, Ihnen zu helfen?", antwortete dieser: „Wahrscheinlich das, was ich immer getan habe: anderwärts Hilfe suchen. Denn wo ein Wille ist, da ist ein Weg" (nach: Arnesen 1931, S. 149).

Einen solchen (Aus-)Weg wusste Amundsen auch bei früherer Gelegenheit zu finden.

„Am Morgen des 16. Juni 1903 stand ich schließlich vor einer Katastrophe. Der bedeutendste meiner Gläubiger verlangte wütend Zahlung binnen 24 Stunden und drohte, mein Schiff beschlagnahmen und mich wegen Betruges einsperren zu lassen. Der Zusammenbruch jahrelanger Arbeit schien unabwendbar. Ich wählte einen verzweifelten Ausweg. Ich berief meine sechs sorgfältig ausgewählten Gefährten, setzte ihnen meine schwierige Lage auseinander und fragte sie, ob sie für einen kühnen Handstreich zu haben wären. Begeistert stimmten sie zu" (Amundsen 1929, S. 45f.).

Um Mitternacht des 17. Juni 1903 ließ er im Osloer Hafen ganz heimlich die Anker seiner „Gjöa" lichten, um zur Expedition „Nordwestpassage" aufzubrechen – und um sich der drohenden Beschlagnahmung durch den ungeduldigen Gläubiger zu entziehen.

Die Erfolgskompetenzen zum Amundsen-Prinzip

Amundsen (2. von rechts) mit seinen Brüdern Gustav und Leon (links) sowie Oberleutnant Godfred Hansen einige Stunden vor dem Auslaufen mit der „Gjöa" am 17. Juni 1903. In vielen Situationen half Amundsen seine kühne Entschlossenheit. So auch beim Start zur Nordwestpassage.

Ob im Großen, Existenziellen, oder im kleinen Detail (das jedoch oft nicht minder existenzielle Bedeutung hat) – Amundsens dokumentierte Willensstärke vermag ein ums andere Mal zu beeindrucken: Auf der Überfahrt in Richtung Antarktis vertraute er seinem Tagebuch einen weiteren, Respekt verdienenden Entschluss an:

„*Ich habe nun begonnen, für den Marsch zum Südpol zu trainieren. Hörte am 15. September auf zu rauchen und werde keinen Tabak mehr anrühren, bis das Werk vollbracht ist*" (nach: Huntford 1989, S. 61).

3. Willenskraft und Energie

Transferbaustein Nr. 8

Die besondere Kombination aus Zielorientierung, Weitsicht und Leidenschaft haben wir als das Amundsen-Prinzip benannt. Amundsens Energie und Fitness sowie seine Willenskraft und Disziplin haben ihm sicherlich entscheidende Dienste bei der Realisierung seiner Ziele geleistet – jedoch auch umgekehrt. Abermals fällt die positive Wechselwirkung auf: Zielerreichung braucht Willenskraft und Energie, genauso wie Ziele für Energie und Willen sorgen.

Überlegen Sie:

- Woher beziehen Sie Ihre Energie und Ihre Willenskraft?
- Haben Sie Ziele, die Ihnen Flügel verleihen?
- Vermag Ihre Arbeit Ihnen den Sinn Ihres Tuns zu vermitteln?
- Wie gehen Sie mit konkurrierenden Zielen um – eigenen Zielen, die miteinander ringen, aber auch gegenläufigen Zielen von Ihnen und anderen, z.B. Zielen Ihres Partners, Ihrer Familie, Ihrer Kollegen?
- Welche Gewohnheiten stehen Ihnen bei der Realisierung Ihrer Ziele im Weg?
- Wer oder was raubt Ihnen unerlaubt Energien?
- Wie ausbalanciert erleben Sie die Lebensbereiche, die Ihnen wichtig sind?
- Wie ernst nehmen Sie Signale sowie Bewegungs-, Ernährungs- und Ruhebedürfnisse Ihres Körpers?

4. Lust auf Herausforderungen und Wettkampf

„Es ist richtig, die Zeit nicht an etwas zu vergeuden, was bereits geschehen ist" (Amundsen, nach: Arnesen 1931, S. 218).

Eng verflochten mit seiner Energie und seinem Elan waren Amundsens Lust auf Herausforderungen und sein Spaß am Wettkampf. In seiner Kindheit liebte er Raufereien und den handfesten Kampf mit seinen älteren Brüdern. Ihr Vater riet ihnen ein wenig doppeldeutig: „Ich möchte nicht, dass ihr euch in Kämpfe einlasst. Wenn es aber sein muss, dann schlagt zuerst zu und sorgt dafür, dass es reicht" (nach: Huntford 2000, S. 15).

Diese Vorliebe für Herausforderungen und Wettkampf bewahrte sich Amundsen über seine Kindheit hinaus. Auf der Expedition mit der Belgica 1898 kommentierte er in seinem Tagebuch einen achtstündigen, ständig gefährlichen Kampf mit einem Eishang: „Diese Exkursionen sind herrlich; ich hoffe, ich habe noch häufig Gelegenheit dazu" (nach: Huntford 2000, S. 42).

Weshalb suchte er die Herausforderung und den Wettkampf?

- Er verspürte eine innere Unruhe, die ihm den Stillstand verbot und ihn vorwärts trieb.

- Er wollte immer Erster sein, weil er die Anerkennung suchte, die die Öffentlichkeit nur dem Ersten vorbehält.

- Er erlebte Konkurrenz als belebende Kraftquelle.

- Er liebte es, Grenzen infrage zu stellen und aus Grenzüberschreitungen zu lernen.

- Er vermochte auch in Missgeschicken noch das Nützliche zu entdecken.

4. Lust auf Herausforderungen und Wettkampf

Innere Unruhe

Amundsen verstand sich immer als Entdecker. Wie Kolumbus, jener Erztyp dieser Zunft, war er nur unterwegs, auf der Fahrt von einem Ort zum anderen, wirklich glücklich. Er merkte rasch, dass ihn ein erreichtes Ziel nicht dauerhaft befriedigen konnte. Auch am Südpol hatte er erfahren, was Wellington gemeint hatte, als er im Augenblick des Siegs schrieb: „Nichts außer einer verlorenen Schlacht kann auch nur annähernd so trübsinnig stimmen wie eine gewonnene."

Erster sein

Amundsen ging es darum, Erster zu sein. Der zweite Platz hatte für ihn keinen Wert.

Nach der großartigen Bezwingung der Nordwestpassage gingen seine Pläne eindeutig in Richtung Nordpol – das zu erreichen, was seinem großen Vorbild Nansen mit seiner Expedition in den Jahren 1894 bis 1896 nicht gelungen war. Die Tatsache, dass Amundsen kurzerhand den Südpol ins Visier nahm, hängt ganz ursächlich damit zusammen, dass im Jahr 1909 sowohl Peary als auch Cook unabhängig voneinander behauptet hatten, den geographischen Nordpol erreicht zu haben. Heute scheint erwiesen, dass es beide Amerikaner mit der Wahrheit nicht allzu genau genommen hatten. Hätte Amundsen das gewusst, wäre er vermutlich der erste Mensch gewesen, der den Nordpol auf dem Wasser- und Landweg erreicht hat (wahrscheinlich wäre dann tatsächlich Scott der Bezwinger der Südpols geworden, wie an englischen Schulen noch in den zwanziger Jahren des letzten Jahrhunderts gelehrt wurde). Dass Amundsen, was er ebenfalls niemals erfahren hat, mit seinem Luftschiffflug im Mai 1926 tatsächlich der Erste, wenn nicht am, dann doch über dem Nordpol war, gilt inzwischen gleichermaßen als höchst wahrscheinlich. Auch die Angaben der amerikanischen Flieger Richard Evelyn Byrd und Floyd Bennett, am 9. Mai 1926 den Nordpol mit einer Fokker überflogen zu haben, gelten heute als

Mogelpackung. (Faszinierende detektivische Aufklärung in Sachen „Die Entdeckung der Antarktis" liefern Charles Officer und Jake Page in ihrem gleichnamigen Buch aus dem Jahr 2001.)

Konkurrenz

„Die Konkurrenz erhöht die Lust zu Entdeckungsreisen. Sie macht uns draufgängerisch, spornt uns an, trotz Mißgeschick und Hindernissen vorzustoßen" (Amundsen, nach: Arnesen 1931, S. 190).

So lautete Amundsens Antwort auf die Frage, was er von Konkurrenz halte. Amundsen ging Wettkampf nicht aus dem Weg, sondern sah in ihm vielmehr den beflügelnden sportlichen Reiz. Freudig griff er jede Wette und jeden kleinen Wettlauf mit seinen Leuten auf – und scheute dabei auch nicht die mögliche Niederlage.

Mit Olav Bjaaland, dem aus Telemark stammenden Skiweltmeister in seiner Mannschaft, lieferte er sich während der Südpolexpedition auf einer Tour, bei der ein Depot angelegt werden sollte, ein Skirennen. Natürlich vermochte Amundsen seine Chancen in diesem Rennen einzuschätzen. Dennoch wuchtete er sich mit aller Kraft und großem Mut einen schroffen Gletscher hinab. Arnesen beschreibt die Szene: „… aber die Geschwindigkeit ist so groß, daß es ihn vier-, fünfmal herumreißt und weit hinüberschleudert. Während Amundsen sich zusammenklaubt, kommt auch Bjaaland hinzu. Da steht er lächelnd auf und murmelt in sich selbst hinein: ‚Der Hang da war doch ein bißchen zu grob'"(Arnesen 1931, S. 191).

Umgang mit Grenzen

Amundsen philosophierte über das Wort „unmöglich": „Dieses Wort scheint nun einmal aus dem Wörterbuch der Menschheit gestrichen zu sein. Wie oft haben wir nicht schon erlebt, daß das Unmögliche möglich wurde" (Amundsen 1925, S. 11).

4. Lust auf Herausforderungen und Wettkampf

Auf Expedition im weiten Eis. Grenzen und Schwierigkeiten begegnete Amundsen offensiv und überlegt herausfordernd.

„Except no limits" – Amundsen hat seine grundsätzlich offensive Haltung gegenüber Grenzen ein ums andere Mal praktiziert. Und dennoch war er nicht so dumm, tatsächliche Grenzen starrköpfig schlichtweg zu ignorieren. Sein langjähriger Weggefährte und Mitglied auf dem Lauf zum Südpol, Helmer Hanssen, beschreibt: „Amundsen hatte niemals Angst davor, seine Pläne umzustoßen, sondern er richtete sich immer nach den gegebenen Umständen" (Hanssen 1955, S. 88).

Seinen als verfrüht erkannten ersten Aufbruch zum Pol am 8. September 1911 brach er nach wenigen Tagen ab. Olav Bjaaland stellte dazu fest: „Es war eine verdammt kalte Angelegenheit, bei 55 – 56°C Frost zu fahren ... Die Hunde leiden schrecklich unter der Kälte; sie sind in einem elenden Zustand; mit den Frostbeulen an den Pfoten stehen sie Todesqualen aus" (nach: Huntford 2000, S. 343). Amundsen drückt die Entscheidung zur Umkehr in seinem Tagebuch so aus: „Ich denke nicht daran, Menschen und Tiere aus reiner Dickköpfigkeit aufs Spiel zu setzen und weiterzumachen, bloß weil wir uns zum Aufbruch entschlossen hatten. Wenn wir das Spiel gewinnen wollen, muss jeder einzelne Stein sorgfältig gesetzt werden – ein falscher Zug, und alles kann verloren sein" (nach: Huntford 2000, S. 342). In seinem Buch „Die Jagd nach dem Nordpol", in dem er im Wesentlichen über die Expedition mit N24 und N25 schreibt, formuliert er auf den Punkt: „Geduld ist der beste Panzer des Polarfahrers" (Amundsen 1925, S. 62). Amundsen hatte nichts von jener törichten und nicht selten unheilvollen Ignoranz und Halsstarrigkeit, die oftmals geradewegs in den Misserfolg führt.

Der Nutzen in Missgeschicken

Kamen die Dinge anders als gehofft, beherrschte Amundsen die Fähigkeit des Interpretierens und positiven „Reframens". Hierunter wird verstanden, das Vorteilhafte und Nützliche auch in „Niederlagen" zu sehen. Während der erfolgreichen Bezwingung der Nordwestpassage wurden Amundsen und seine Mannschaft quasi auf der Zielgeraden vom Eis zu einer dritten Überwinterung gezwungen. Doch es gab keine fluchende oder lamentierende Missbilligung ihrer Lage. Amundsens Kommentar dazu: „Die Dokumente, die wir eines Tages nach Norwegen mitbringen, werden nur um so ergiebiger und zahlreicher sein" (nach: Peisson 1953, S. 129).

In seiner Grundzuversicht war Amundsen nicht der Mann, der sich von einem Missgeschick abschrecken ließ. „Schwierigkeiten sind dazu da, dass man aus ihnen lernt", notierte er auf seiner ersten eigenen Expedition in seinem Tagebuch. Wiederholt und auf all seinen Unternehmungen zeigte er Unerschrockenheit und echte Nehmerqualitäten. Auf dem Weg zum Südpol saßen Amundsen und Wisting Rücken an Rücken auf einem Schlitten. Wisting erinnerte sich: „Plötzlich kriegte der Schlitten einen fürchterlichen Schlag. Es schien, als würde er hinten herunterge-

4. Lust auf Herausforderungen und Wettkampf

drückt und mit dem Vorderteil in der Luft nach rückwärts gezogen. Ich drehte mich blitzschnell um und sah, dass wir über eine riesige Eisspalte gefahren waren. Als wir sie halb überquert hatten, war die Schneebrücke unter uns weggebrochen, aber da wir so schnell und gleichmäßig fuhren, war der Schlitten glücklicherweise weiter nach vorn auf das feste Eis geglitten. Wir hielten nicht an, sondern fuhren einfach weiter. Da tippte Amundsen mir auf die Schulter ... ,Hast du das gesehen? Die hätte gern alles gekriegt: uns beide, den Schlitten und die Hunde.' Mehr haben wir nicht dazu gesagt" (nach: Huntford 2000, S. 351).

Als Amundsen im Rahmen seiner Pilotenausbildung im Sommer 1914 die Probe auf seine Tauglichkeit in den höheren Luftschichten ablegen sollte, kam er nicht weit. Kaum gestartet, ging es aus einer Höhe von 10 bis 20 Metern wieder zu Boden. Das Flugzeug war Schrott. Amundsen jedoch kroch aus den Trümmern und kommentierte unbeeindruckt: „Dort steht ja noch eine andere Maschine." Lächelnd und kaltblütig setzte er seine Flugstunde fort. Sein Pilotenschein trägt die laufende Nummer 1 – er wurde zum ersten zivilen Piloten Norwegens.

Amundsen besaß diese starke Fähigkeit, äußerst brisanten Situationen mit einer Mischung aus Optimismus, Gottvertrauen, Kaltschnäuzigkeit und Souveränität zu begegnen. 1925, in der äußerst schwierigen Lage, als er in der Eiswüste der Arktis gestrandet war, sagte Amundsen: „Es ist meine Erfahrung im Leben, daß, wo es am dunkelsten aussieht, es sich weiter vorn zu lichten beginnt" (nach: Arnesen 1931, S. 158).

Der norwegische Journalist Odd Arnesen fragte Amundsen einmal Mitte der zwanziger Jahre: „Was hat Ihnen eigentlich über alle die Prüfungen hinweggeholfen?" – „Ich glaube, man kann es mit dem Wort bezeichnen, das bei den Amerikanern ,common sense' (gesunder Menschenverstand) heißt. Und dann darf man nicht den Humor verlieren" (nach: Arnesen 1931, S. 184).

Transferbaustein Nr. 9

Wer ein Ziel verfolgt, wer lange und intensiv auf etwas hinarbeitet und sich gut vorbereitet fühlt, wird nahezu zwangsläufig auch die Lust erleben, sich der gewählten Herausforderung zu stellen. Der Sportler, auf den Punkt genau trainiert, fiebert dem Wettkampf ebenso entgegen wie der Künstler der ersten öffentlichen Aufführung oder Ausstellung seines Werks. Auf diesen natürlichen Antrieb, nach dem Anlauf auch zu springen, also nach einer Vorbereitung das Ergebnis präsentieren zu wollen, können Sie sich im Regelfall verlassen. Das gilt für Aufgaben, denen Sie sich stellen, genauso wie für solche, die Sie an Ihr Team delegiert haben oder die sich der Einzelne aus dem Team selbst definiert hat. Das Entscheidende dabei ist, ob die Aufgabe auch eine lustfördernde Herausforderung darstellt. Dabei sind zweierlei Aspekte von Bedeutung:

1. Hat die Aufgabe etwas mit Ihren Zielen und Visionen zu tun?

    Aufgaben, für die das nicht gilt, die Sie halt mal eben so als Aufgaben übernommen haben, fehlt zwangsläufig der Leidenschaftsfaktor. Sie bekommen kein Feuer unter den Kessel, weil Sie es ja auch gar nicht wirklich wollen. Der Turboeffekt, der von Ihren Zielen und Visionen abhängt, wartet auf andere Einsatzmöglichkeiten.

2. Ist die Aufgabe herausfordernd und realisierbar?

    In seinem hervorragenden Buch „Flow – Das Geheimnis des Glücks" beschreibt Mihaly Csikszentmihalyi, wie eng der Reiz einer Aufgabe mit ihrem relativen Schwierigkeitsgrad zusammenhängt: Herausforderungen, die Sie unterfordern, bieten auch nur geringen Reiz. Aufgaben, die Sie für nicht realisierbar halten, bringen ebenfalls nur selten etwas in Ihnen zum Klingeln.

4. Lust auf Herausforderungen und Wettkampf

Fragen Sie sich:

- Was sind die Antreiber Ihrer Lust auf Herausforderung?
  - Wollen Sie Erster sein, um die Anerkennung für den Sieger zu bekommen?
  - Wollen Sie andere besiegen?
  - Wollen Sie sich und anderen zeigen, was in Ihnen steckt oder wie gut Sie sich vorbereitet haben?
  - Wollen Sie Ihre Grenzen austesten?
  - Suchen Sie die Herausforderung, um auf hohem Niveau lernen zu können?

- Wie steht es mit Ihren aktuellen Aufgaben?
  - Welche Ihrer derzeitigen Aufgaben wecken Ihre Lust auf Herausforderungen?
  - Wer könnte diese Lust für jene Aufgaben aufbringen, für die Sie sie nicht haben?
  - Welche Aufgaben, die Sie noch nicht haben, kitzeln Ihre Lust auf Herausforderungen?

- Was denken Sie über Konkurrenz?
  - Wo kommt Ihr Bild her – und sind Sie damit glücklich?
  - Wie würde sich Ihr Alltag verändern, wenn Sie Ihr Verständnis von Konkurrenz änderten?

- Wie gehen Sie mit Grenzen um?
  - Wie prüfen Sie, ob die Grenzen tatsächlich Grenzen sind?
  - Welche der Grenzen, die Sie in Ihrem Tun aktuell als unveränderbar ansehen, hätten Sie am liebsten veränderbar?
  - Was wäre dann anders?
  - Was können Sie tun oder lassen, um die Unveränderbarkeit dieser Grenze neu zu überprüfen?
  - An welchen Grenzen beißen Sie sich zur Zeit die Zähne aus, weil Sie sie gerne veränderbar hätten?

- Was müsste sich ändern, damit Sie diese Grenze besser akzeptieren könnten?
- „Wenn die Rahmenbedingungen sich ändern, ändere ich meine Meinung. Und was tun Sie?"(John Meynard Keynes) – Was halten Sie davon?

• Wie ist Ihr Umgang mit Missgeschicken?
- Was waren die letzten Hürden, über die Sie gestolpert sind?
- Haben Sie „Lieblingsprobleme", deren Anziehungskraft Sie sich kaum entziehen können – und bei denen Sie immer wieder auf die Nase fallen?
- Welche Veränderungsbotschaft an Sie steckt da drin? Was sind Ihre Lernchancen?
- Wofür sind diese Bauchlandungen vielleicht sogar gut?
- Wie viel Energie stecken Sie in „Misserfolgsvermeidungsprogramme" – statt in Erfolgsorientierung?

5. Emotionalität und Intuition

Mit dem Ziel „Nordpol" starteten und landeten 1926 die Amerikaner Richard Byrd und Floyd Bennet in Ny-Alesund, auf Spitzbergen, wo Amundsen in den letzten Vorbereitungen für seinen Flug mit dem Luftschiff „Norge" stand.

Auch wenn andere den Erfolg der beiden Flieger bezweifelten (was sich, wie weiter oben bereits geschrieben, als berechtigt herausstellen sollte), Amundsen begrüßte den Konkurrenten aufs Herzlichste.

„Das Seltsamste geschah. Wir umarmten die beiden Männer und gaben ihnen tatsächlich einen Kuß auf jede Wange. Wir waren ungeheuer erregt und ließen uns, von den Gefühlen überwältigt, zu dieser, bei Norwegern und Amerikanern unter Männern nicht gerade üblichen Huldigung hinreißen" (Reinke-Kunze 1996).

5. Emotionalität und Intuition

„Männer und Gefühle", „Emotionalität im Management", „Intuition in der Wirtschaft" – so oder ähnlich titelten in den letzten zwei Jahrzehnten unzählige Beiträge in Zeitschriften und Tagespresse, aber auch Bestseller in Büchereien und Buchhandlungen. Zu Amundsens Zeit galten Gefühle eher als unmännlich, sieht man von Pflicht- oder Ehrgefühl einmal ab. Doch wie war Amundsen? Bei seiner Leistung und bei seinem Wesen standen seine sachliche, oft abgeklärte Präzision und seine trockene, pragmatische Planungsorientiertheit klar im Vordergrund. Doch er hatte auch eine zuweilen sehr emotionale Art, die ihm als Gleichgewicht für seine ausgeprägte Rationalität gedient haben mag.

Für Roland Huntford war Amundsen auch ein Träumer, hinter dessen „… abweisendem Äußeren des scheinbar nüchternen Entdeckers … (sich) ein empfindsamer, gefühlvoller Mann" verbarg (Huntford 1989, S. 9).

Und aus Stein war Amundsen gewiss nicht. Bereits auf der vorangegangenen Expedition schreibt er über die Tränen seiner Ergriffenheit:

„Die Nordwestpassage war vollendet! Der Traum meiner Knabenjahre – in diesem Augenblick war er verwirklicht! Eine sonderbare Empfindung schnürte mir den Hals zu; etwas überanstrengt und abgearbeitet war ich, … aber ich fühlte, wie mir die Tränen in die Augen stiegen" (Amundsen 1908, S. 229).

Die Bedeutung von Emotionalität erschöpft sich nicht in inner- oder zwischenmenschlichen Aspekten, sondern hat enorme Relevanz auch in Sachfragen. So erhält in Entscheidungssituationen die Intuition, eine Facette von Emotionalität, eine ausgesprochen hohe Bedeutung. Auf der Suche nach der Nordwestdurchfahrt wusste Amundsen an einem Scheidepunkt nicht weiter. Weder Wissen noch Erfahrung gaben ihm einen rationalen Hinweis. Da er eine große Furcht vor geistigem Hochmut hatte und spürte, dass es

Die Erfolgskompetenzen zum Amundsen-Prinzip

Weihnachten auf der „Fram". Über den Weihnachtsabend im ersten Winter auf Antarctica schrieb Amundsen: „Wir waren alle zum Essen im wunderschön geschmückten vorderen Salon gebeten. Nilsen hatte ihn mit meiner Hilfe dekoriert ... Wunderhübsche kleine farbige Laternen verbreiteten ein angenehmes Licht und schufen eine anheimelnde Atmosphäre ... Ich hatte das Grammophon in meiner Kabine auf Kardanringe hängen lassen. Die Gäste trafen um 17 Uhr ein, und als alle Platz genommen hatten ... stimmte Herold ‚Stille Nacht, heilige Nacht' an. Himmel, was für eine Zeremonie – welch eine Wirkung. Man muß schon aus Stein sein, um nicht die Tränen kommen zu fühlen." (nach: Huntford 1989, S. 74).

Augenblicke gab, da, wie Huntford es schreibt, „das Festhalten an menschlichen Urteilen die schwerste aller Todsünden war", ließ er die magnetische Nadel entscheiden. Zusammen mit Gustav Juel Wiik stellte er feierlich eine so genannte Deklinationsnadel am Ufer auf. Huntford beschreibt die Zeremonie: „Die ganze kleine Expedition hockte im Kreis herum, um die schwachen Ausschläge zu beobachten, die über ihr Schicksal entscheiden würden. Als das Instrument seine Antwort gab, lautete sie: nach Südwesten. Mit

5. Emotionalität und Intuition

tiefer Befriedigung sah Amundsen, dass diese ‚unpersönliche' Nadel denselben Weg wies wie sein Instinkt" (Huntford 2000, S. 69). Und der Weg erwies sich als richtig.

Auch auf einer späteren Expedition, dem Flug mit N24 und N25 1925 und der Landung am 88. Breitengrad, bewies Amundsen Intuition. Er berichtet von zwei grundlegend verschiedenen finalen Handlungsalternativen: Eines der beiden Flugzeuge war unbrauchbar geworden und für das andere gab es weit und breit keine geeignete Startbahn. Sollten er und seine Gefährten die Flugzeuge aufgeben und den Marsch über Hunderte von Kilometern bis zum Rand des Treibeises wagen? Oder sollte weiterhin versucht werden, eine Landebahn zu finden und den verbleibenden Flieger in die Luft zu bekommen? Amundsen wägte ab: Wenn er diese beiden Möglichkeiten bei sich selbst überdachte, kam er immer zu dem Schluss, dass es das Beste und Vernünftigste wäre, Land aufzusuchen. Seine innere Stimme jedoch sagte ihm, er wäre verrückt. Er entschied sich für die Flugvariante und rettete so das komplette Team.

Die Arbeit der Mannschaft beschreibt Amundsen:

„Aber man soll die Rechnung nicht ohne den Wirt machen ... Jetzt standen sechs Männer hier, die durch widriges Geschick gestählt waren, abgearbeitet und hungrig, und vor nichts zurückschreckten, ... damit machten wir uns an die Arbeit, deren Durchführung unser Selbstvertrauen vielleicht mehr stärkte als irgend etwas sonst, was wir bisher vollbracht hatten" (Amundsen 1925, S. 68).

Die sechs Männer räumten, so Amundsen, gewiss 500 Tonnen Eis und Schnee aus dem Weg und ebneten so eine brauchbare Landebahn. Sie drehten ihren über 17 Meter langen und mehr als 3,3 Tonnen (Leergewicht) schweren Flugapparat, eine Dornier-Wal, um 180° – und schafften das selbst kaum für möglich Gehaltene.

Die Erfolgskompetenzen zum Amundsen-Prinzip

Juni 1925. Amundsen verließ sich auf seine innere Stimme und schaffte mit seinen Kameraden das kaum Leistbare: 500 Tonnen Eis und Schnee sind aus dem Weg geräumt. – Die rettende Startbahn für N25 ist fertig gestellt.

Transferbaustein Nr. 10

Zu Amundsens Zeit war **Emotionalität** der hier beschriebenen Couleur bei Männern zumindest äußerst ungewöhnlich. Aber unterscheidet sich das überhaupt von unserer heutigen Wirtschaftswelt? Sicher, es gibt Tränen bei Managern, zum Beispiel im Anschluss an eine Feuerlaufzeremonie in einem dieser seltsamen Motivationscamps höchstbezahlter „Gurus". Einige dieser Tränen mögen auch mehr dem Gefühl als den schmerzenden Fußsohlen entspringen. Doch wenn der langjährige Chef einer großen deutschen Automobilfirma erstmalig *nach* seiner Karriere in seiner Autobiographie so etwas wie Gefühle aufblitzen lässt, kann das schon nachdenklich stimmen.

5. Emotionalität und Intuition

Emotionen zu haben ist die eine Sache, sie sich einzugestehen und sie womöglich auch noch nach außen zu zeigen, eine ganz andere. Und was für eine! In zahlreichen Coachings und Trainings begegnete uns in frappierender Gleichförmigkeit die Haltung „Emotionen gelten als Schwäche". Stimmt! – vor allem, wenn wir keine haben oder keine zeigen. Oder wenn wir sie uns aus Angst vor Verletzung verkneifen.

Emotionen zu zeigen macht verletzbar! Und **Verletzbarkeit** ist die Basis für Vertrauen! „Ich lege jetzt meine Waffe weg. Dann können wir miteinander reden" – so zitiert Reinhard K. Sprenger in seinem Buch „Vertrauen führt" Fernsehkommissar Derrick. Aus einer mit Intellekt und Sachlichkeit betonierten Position der Stärke heraus und auf der unanfechtbaren Basis der hierarchischen Macht beharrend, ist es so folgerichtig wie absurd, von Mitarbeitern eine vertrauensvolle Zusammenarbeit einzufordern.

Interessanterweise schildern Führungskräfte sehr häufig von ihrer **Isoliertheit** im Berufsalltag. Je höher die Führungsebene, desto ausgeprägter die Quarantäne, die als blutarme Abschirmung vor der Wirklichkeit normaler menschlicher Regungen charakterisiert wird. Maskenhaft werden gefilterte Informationen keimfrei kredenzt. Na dann Mahlzeit! Noch verblüffender für uns ist allerdings, dass die gleichen Führungskräfte, die sich eben noch kräftig beklagten, teils nicht in der Lage und oft nicht bereit dazu sind, berechnendes Taktieren im Umgang sein zu lassen und selbst Emotionen zu zeigen. „Wie du mir nicht, so ich dir nicht." Aber hallo, wer, wenn nicht die Führungskraft, sollte hier die Führung übernehmen und einen Anfang machen?

Überlegen Sie:

- Welchen Raum nehmen Emotionen in Ihrem Leben ein – im Privatleben und im Beruf?
- Wenn es in den beiden Bereichen Privatleben und Beruf deutlich unterschiedliche Stellenwerte gibt:
  - Was ist der Hintergrund dafür?
  - Wofür ist es gut, dass es so ist, wie es ist?
  - Welche Chancen und welche Risiken könnte eine Veränderung bieten?

- Wie würde Ihr Umfeld/Ihr Arbeitsteam auf mehr Emotionalität im Sinne von Menschlichkeit und Nähe durch Sie reagieren?
- Was sind die Pfeiler der Zusammenarbeit zwischen Ihnen und Ihren Mitarbeitern?

Im Führungs- wie auch Projektmanagementalltag müssen Sie ständig Entscheidungen treffen. Und gerade für Entscheidungssituationen empfiehlt uns die Wissenschaft, zusätzlich zu unserer Ratio auch die Intuition zu nutzen. Wir sehen Emotionalität und Sensibilität als wesentliche Voraussetzungen für Intuition und somit für „runde" Entscheidungen, also letztlich auch für Führung.

Nennen Sie es Intuition, Eingebung, innere Stimme, Bauchgefühl, oder schieben Sie es anderen Körperteilen zu – Joseph Beuys sagte: „Ich denke sowieso mit dem Knie."

- Wie leicht fällt es Ihnen in Entscheidungssituationen und -prozessen neben Ihrem verstandesmäßigen Denkvermögen auch „unrationale" Stimmen in Ihnen zu Wort kommen zu lassen?
- Welche guten Erfahrungen – bei sich oder anderen – haben Sie für ein erfolgreiches Berücksichtigen von Intuition?
- Was sind Ihre schlechten Erfahrungen oder Ihre Bedenken und Befürchtungen?
- Was könnte Ihnen helfen, Ihr Vertrauen Ihrer inneren Stimme gegenüber weiter wachsen zu lassen?

5. Emotionalität und Intuition

In diesem Kapitel haben Sie die verschiedensten Facetten von ausgewählten und hervorzuhebenden Selbstkompetenzen Amundsens kennen gelernt. Sie haben sich vermutlich auch in gewissem Maß mit sich selbst auseinander gesetzt – möglicherweise mithilfe der zahlreichen Transferimpulse. Die dargestellten Kompetenzen Amundsens entsprechen seinem ureigenen Profil und sind keinesfalls eine vollständige Abbildung der möglichen Selbstkompetenzen. Möchten Sie sich weiter mit Ihrem individuellen Kompetenzmosaik befassen, kommen Sie dazu mit sich und mit Menschen, denen Sie vertrauen, ins Gespräch. Lohnende Themen und Fragen für einen solchen Dialog:

- Wie gut kann ich für mich sorgen und meine Grenzen und Bedürfnisse ernst nehmen?
- Wie gut kann ich mich bremsen und zurückhalten, wenn mir „die Gäule durchgehen"?
- Wie gut kann ich mich beruhigen, wenn ich aufgebracht bin?
- Wie gut kann ich Fehler eingestehen – mir und anderen?
- Wie gut kann ich mir selbst verzeihen?
- Wie gut kann ich Ungewissheit aushalten?
- Wie gut kann ich Anerkennung und Lob annehmen ohne alles gleich postwendend abzuschwächen?
- Wie gut kann ich mich selbst belohnen?

Nutzen Sie dazu jeweils die verschiedenen Perspektiven:

- Wie sehe und erlebe ich mich?
- Wie sieht und erlebt mich der andere?
- Wie möchte ich gerne sein?
- Was macht es mir schwer, das von mir selbst Gewünschte zu tun?
- Was könnte es mir erleichtern?

"Wunderlich war es auf der Schute. Niemand kommandierte, aber alles, was zu tun war, wurde getan."

(Ein Lotse, der 1914 bei der Heimkehr der „Fram" bei Kristianssand an Bord des Schiffes kam; nach: Arnesen 1931, S. 211)

C Sozialkompetenz

Südpol, 17. Dezember 1911, Abendessen im Zelt: Bjaaland bat nach dem üblichen Mahl um das Wort und hielt zur Ehre des Tages eine kleine Ansprache und bemerkte über Amundsen: „... mit strahlendem Humor sprach er (Amundsen) über Vergangenheit und Gegenwart und eröffnete die besten Aussichten für die Zukunft, für unsere Heimfahrt" (nach: Hanssen 1941, S. 17).

Nachdem Bjaaland seine Rede beendet hatte, holte er eine Kiste Zigarren hervor, reichte sie, selbst Nichtraucher, herum und übergab Amundsen mit feierlicher Geste das Kästchen mit den restlichen Zigarren, verbeugte sich würdevoll und sagte: „Die überreiche ich Ihnen zur Erinnerung an den Pol" (nach: Huntford 2000, S. 425).

Mehr als 18 Monate nach dem Start im Osloer Fjord, angekommen am Südpol, signalisierte der Skichampion Bjaaland seinem Chef: Gut gemacht! Zweifelsohne tiefste, ehrliche Anerkennung für Amundsen als Führungskraft.

Eine Schar von Männern vielfältige Extremsituationen hindurch erfolgreich zu führen und dabei ein Gefühl der Leichtigkeit zu wahren erfordert neben den bereits geschilderten Kompetenzen in hohem Maß auch ausgeprägtes Geschick im Umgang mit diesen unterschiedlichen Menschen, kurz: soziale Kompetenz.

Unter „Sozialkompetenz" werden im Allgemeinen die Fähigkeiten verstanden und zusammengefasst, die notwendig sind oder helfen, sich in sozialen Systemen bewegen zu können.

Soziale Kompetenz und Ansätze wie soziale oder emotionale Intelligenz erleben seit einigen Jahren einen Boom, ausgelöst durch eine oft radikale Abkehr von autoritärer, rein macht- oder sachorientierter Führung. In Zeiten, in denen das Streben nach Individualität und Verwirklichung stetig zunimmt, wächst auch die Notwendigkeit, Menschen als Individuen zu begegnen – auch und vielleicht besonders im Berufsleben. Selbstständig denkende und selbstbewusste Mitarbeiter sind an der Tagesordnung und fordern von ihren Führungskräften äquivalente Führung. Die unter dem Begriff des „Leadership" angebotenen Patentrezepte zur Sozialkompetenz von Führungskräften sind zahlreich – was machte Amundsens besonderen Stil aus?

Amundsen selbst beschreibt seinen Ansatz in seinem Buch über die Nordwestpassage:

„... jeder von den Teilnehmern macht den Eindruck, als passe er gerade für den ihm zugeteilten Posten ausgezeichnet. Wir haben eine kleine Republik auf der Gjöa eingerichtet. Es gibt da keine strengen Gesetze, denn ich weiß selbst, wie unangenehm einem eine solche strenge Disziplin anmutet ... Man kann sehr gut seine Arbeit leisten, auch wenn die Rute der Disziplin nicht immer drohend geschwungen ist. Meinen eigenen Erfahrungen gemäß hatte ich beschlossen, so weit wie möglich an Bord Freiheit walten zu lassen – jeder sollte das Gefühl bekommen, daß er in seinem eigenen Bereich unabhängig sei. Dadurch entsteht – bei vernünftigen Leuten – von selbst eine freiwillige Disziplin, die einen viel größeren Wert hat als die erzwungene. Dabei bekommt jeder einzelne das Bewußtsein, ein Mensch zu sein, mit dem man als mit einem denkenden Wesen rechnet, und nicht nur wie mit einer Maschine, die aufgezogen ist. Die Arbeitslust wird vervielfacht, und damit die Arbeit selbst. Ich möchte das auf der Gjöa angewendete System jedermann empfehlen" (Amundsen 1908, S. 30).

Sozialkompetenz

Königlicher Besuch auf der „Fram". Am 2. Juni 1910 empfing Amundsen König Hakon VII. von Norwegen mit Königin Maud auf der „Fram". Bewegte er sich auch in königlicher Gesellschaft sicher und kompetent, so fühlte sich Amundsen im kleinen Kreis seiner Kameraden am wohlsten.

Wie lässt sich Amundsens soziale Kompetenz als Führungskraft charakterisieren? In der Auseinandersetzung mit ihm begegnen uns sechs Ansatzpunkte:

1. Die Basis seines Führungsverständnisses
2. Die Leitlinien seines Führens
3. Seine Fähigkeit, Menschen richtig auszuwählen und einzusetzen
4. Sein Gespür und psychologisches Geschick im Umgang mit Mitarbeitern

5. Sein Durchsetzungsvermögen
6. Seine Fähigkeit zur Wertschätzung

1. Die Basis von Amundsens Führungsverständnis

„Wer Menschen führen will, muss hinter ihnen gehen." Ob Amundsen die Empfehlung des alten chinesischen Weisen Lao Tse kannte, wissen wir nicht. Aber er schien sie sich zum Motto gemacht zu haben.

Amundsens Fähigkeiten, weitsichtig zu planen, für seine Arbeit Profis zu finden, die tatsächlich mitarbeiteten und nicht nur Arbeiten ausführten, sowie Ziele, Aufgaben und Verantwortungen klar zu kommunizieren, ermöglichten es ihm, so zu führen, wie es seinem Grundverständnis entsprach: weitgehend unsichtbar. Es war nicht seine Art, als heroischer Anführer an der Spitze des Zuges zu posieren. Insbesondere bei dem langen Marsch zum Pol hatte er erkannt, dass es gewöhnlich am besten ist, wenn von hinten geführt wird – er konnte seine Leute sehen und die Situation überblicken und steuern.

Was waren die Quellen seines Grundverständnisses von Führung? Zum einen war es sein Menschenbild und zum anderen die Erfahrungen, die er selbst als Geführter gesammelt hatte.

Menschenbild

„Trotzdem weiß ich, daß Admiral Peary tatsächlich den Nordpol erreicht hat. Und der Grund, daß ich es weiß, ist einfach der, daß ich Peary kenne. Daß er infolge seiner Kenntnisse imstande gewesen wäre, seine Beobachtungen zu fälschen, ist durchaus wahr. Die einzige Antwort, die man auf derartige Zweifel geben kann, ist die, daß Peary nicht der Mann dazu war" (Amundsen 1929, S. 228).

1. Die Basis von Amundsens Führungsverständnis

So schreibt Amundsen in seinem letzten Buch über Robert Peary, dessen Nordpolerreichung aus dem Jahre 1909 bereits damals bezweifelt wurde.

Roald Amundsen glaubte von Grund auf an das Gute im Menschen und rechnete in seinem hellen Glauben mit ihnen so, wie sie sein sollten.

Blauäugige Donquichotterie? Mag sein, doch Amundsen wurde in seinem Leben nur selten enttäuscht (Pearys Falschaussage wurde erst später durchschaut), auf seinen Expeditionen fast nie. Wenn er enttäuscht wurde, dann traf es ihn allerdings umso härter (mehr dazu im Kapitel „Schattenzeiten/Schattenseiten").

Netsilik-Eskimos in der Kajüte der „Gjöa". Amundsen war seinem „Lehrmeister" beim Bau von Iglus, dem Netsilik-Eskimo Teraiu und dessen Familie eng verbunden. Amundsen schätzte die Fertigkeiten der Eskimos ebenso wie das Erfahrungswissen einfacher Seeleute. Seine Achtung orientierte sich an Leistung und nicht an Herkunft.

Kann das Bild, das Amundsen von Hunden hatte, auch für sein Menschenbild und sein Führungsverständnis taugen? „Ich bin zu dem Ergebnis gekommen, daß man Schlittenhunde am besten fährt, wenn man davon ausgeht, daß sie mindestens so intelligent sind wie man selbst" (Amundsen, nach: Huntford 1989, S. 95).

Otto Sverdrup, einer von Amundsens Kameraden auf der Fahrt durch die Nordwestpassage, hatte große Erfahrungen mit Hunden, die er auf mehreren Expeditionen noch vor der Gjöa-Reise gesammelt hatte. Er berichtete, dass der Eskimohund nur einem ihm sympathischen Menschen gehorcht. Das Verhältnis zwischen Hund und Hundeführer ist das zwischen Gleichen: Ein Hund ist kein Pferd, er ist Partner, nicht Lasttier.

Amundsen sah seine Mitarbeiter tatsächlich mehr als Partner denn als befehlsausführende „Lasttiere" und ging davon aus, wie Huntford es schreibt, „dass die menschliche Persönlichkeit ein Instrument ist, das nur klingt, wenn es mit Leben erfüllt ist" (Huntford 2000, S. 362). Und eben genau das sah er als seine Aufgabe als Führungskraft.

Wie wurde Amundsen geführt?

Amundsens Bild von Führung resultierte sicherlich aus der Auseinandersetzung mit den eigenen Erfahrungen, wie er selbst geführt worden war.

Werfen wir einen Blick auf drei markante Stationen seines Erfahrungswegs: Sein Vater, Jens Engebreth Amundsen, war als Segelschiffskipper aufgewachsen. Der Skipper eines Segelschiffs ist nicht mit dem Kapitän eines anderen Schiffs vergleichbar. Da die schnelle Handhabung verwickelter Takelage über Leben und Tod entscheiden kann, erwartet er die sofortige Ausführung von Befehlen. Sein Wort ist Gesetz. Vater Amundsen hat sein Haus wie eines seiner Schiffe geführt. Er war erfolgreich und ein geachtetes Mitglied der Gesellschaft, seine Söhne schauten zu ihm auf.

Auf der Expedition mit der Belgica 1898/99 traf der Kapitän und Expeditionsleiter de Gerlache einige krasse Fehlentscheidungen.

1. Die Basis von Amundsens Führungsverständnis

Eine davon sollte zur unfreiwilligen Überwinterung der Belgica führen.

„Ich erkannte wohl die große Gefahr, der die ganze Expedition ausgesetzt wurde, aber ich war nicht um meine Meinung gefragt worden und die Disziplin verschloß mir den Mund" (Amundsen 1929, S. 33).

Amundsen (rechts) und Dr. Cook im Winter 1898. Nach dem krankheitsbedingten Ausfall des Kapitäns übernahm Amundsen das Kommando und rettete zusammen mit Dr. Cook die Mannschaft der Belgica aus akuter Skorbut-Gefahr.

Nahezu die gesamte Mannschaft einschließlich de Gerlache erkrankte an Skorbut. Aus der Lektüre arktischer Reisebeschreibungen wussten Amundsen und der Schiffsarzt Dr. Cook, dass diese Krankheit durch den Genuss von frischem Fleisch vermieden werden konnte. Doch aus persönlichem Widerwillen verbot de Gerlache den Verzehr von Seehund- und Pinguinfleisch auf dem Schiff. Nachdem dann sowohl der Leiter als auch der Kapitän so schwer erkrankten, dass sie ihre Kojen nicht mehr verlassen konnten, fiel das Schiffskommando an Amundsen, der die Kranken kurzerhand mit Fleisch versorgen ließ – eine Woche später zeigten alle ein besseres Befinden.

Als Amundsen, nachdem er mit der Gjöa die Nordwestpassage bezwungen hatte, diesen Erfolg auch schnellstmöglich per Telegramm kommunizieren wollte, blieb ihm nur, sich auf dem Weg zur nächsten, 500 Meilen entfernten Telegraphenstation dem Kapitän eines Walfängers auf einem Landgang per Schlitten anzuschließen. Da dieser Kapitän Mogg die Schlittenreise finanzierte, führte er sie auch. Er ließ sich auf einem Schlitten ziehen und forderte – bei ohnehin spärlichen Mahlzeiten – auf Mittagspausen zu verzichten und den Marsch vom Frühstück bis zum Abendessen nicht zu unterbrechen. Amundsens Einspruch wies er ärgerlich zurück „... und machte mich darauf aufmerksam, daß er der Befehlshaber unserer Expedition sei, und, worauf es noch weit mehr ankäme, auch das Geld habe, um seinen Befehlen den nötigen Nachdruck zu geben" (Amundsen 1929, S. 67). Amundsen drohte nach einigen Tagen mit „Kündigung seiner Stelle" und rang seinem „Chef" so das Versprechen nach drei ordentlichen Mahlzeiten pro Tag ab.

Mit derart ausgeprägten Erfahrungen musste sich Amundsen auseinander setzen. Sein weitsichtiger Verstand half ihm, sein eigenes Bild von Führung in anderen Farben entstehen zu lassen.

Amundsen setzte klar auf Eigenmotivation seiner Männer und nicht auf Motivierung von außen – weder durch ihn als Führungskraft noch durch Strafandrohung oder irgendeine Art von Bonus-Mohrrüben. Lange bevor Dr. Reinhard K. Sprenger seine Bestseller „Mythos Motivation" und „Prinzip Selbstverantwortung" geschrieben hat, realisierte Amundsen viele der dort zu findenden Empfehlungen.

1. Die Basis von Amundsens Führungsverständnis

Transferbaustein Nr. 11

Niemand von uns ist frei von den Prägungen seiner Vergangenheit. Erst durch genaue Navigation, wenn wir uns klarmachen, was und wer uns in welcher Art in unserer Historie beeinflusst hat, können wir uns bewusst entscheiden, diese vorhandene Richtung auch weiterhin zu wollen oder eine Korrektur unseres Kurses anzustreben.

Überlegen Sie:

- Was sind Ihre Erfahrungen in der Rolle des Geführten?
- Welche dieser Eindrücke haben Sie in Ihrem heutigen Verständnis von Führung beeinflusst?
- Was würden Sie in der Rolle und der Situation der Führungskraft, an die Sie dabei denken, genauso machen, was anders und wie?
- Welche Bilder von Mitarbeitern vermuten Sie in den Köpfen der Führungspersonen, an die Sie hier gedacht haben?
- Was ist Ihr Bild von Ihren Mitarbeitern – und bei wem davon könnte es an der Zeit sein, Ihr Bild zu überdenken?

Unsere Vorstellungen von Situationen und von Menschen sorgen in eminentem Maß – als sich selbst erfüllende Prophezeiungen – dafür, dass wir die Situationen oder den Menschen genau so erleben, wie wir es erwarten. Oder konkreter: Wenn wir glauben, unsere Mitarbeiter seien Pfeifen, werden wir sie so behandeln, als wären sie Pfeifen – und sie werden Pfeifen sein, wenn sie nicht vorher kündigen.
  Setzen Sie sich mit dem Gedanken auseinander, dass Sie die größten Teile Ihrer Wirklichkeit selbst kreieren. Bemühen Sie sich also um eine konstruktive und positive Grundeinstellung Ihren Mitarbeitern gegenüber und werfen Sie den Ballast gegenläufiger Erfahrungen auf Nimmerwiedersehen in die nächste sich bietende Gletscherspalte Ihres Alltags.

2. Amundsens Führungsleitlinien

Die markantesten Leitlinien im Führungshandeln des Roald Amundsen sind:

- Sei Vorbild und packe selbst mit an!
- Mache deine Ziele zu den Zielen deines Teams und lass dann los!
- Beziehe die Mannschaft mit ein!
- Halte die Moral der Truppe hoch!

Sei Vorbild und packe selbst mit an!

„Was du willst, das andere für dich tun, das tue auch für sie!" Nach diesem Kant'schen Motto handelte Amundsen. Von seinen Männern verlangte er viel und war immer bereit, selbst genauso viel und mehr zu geben und zu tun – und somit hinsichtlich Einsatzbereitschaft Vorbild für seine Mannschaft zu sein. Helmer Hanssen, der Amundsen auf dessen drei längsten Expeditionen begleitet hat, schilderte es mehrfach in seinen Berichten: „Sein Verhalten war eine ausgezeichnete Schule für uns, denn wenn ein Mann von sich aus kein Seemann war, erzog ihn schon die Tatsache, daß der Kapitän eigenhändig alle Aufräumungsarbeiten, die ihm nötig erschienen, vornahm. Es war eine Mahnung an alle, das Gleiche zu tun" (Hanssen 1955, S. 18).

Und dabei arbeitete Amundsen nach Angaben von Hanssen meist schwerer als die anderen: „In einer kritischen Phase der Expedition, die Gjöa war auf Grund gelaufen und die Mannschaft wartete auf das nächste Hochwasser, riet Amundsen seinen Kameraden ... in die Kojen zu gehen, er selbst wolle die nächste Wache übernehmen. Leutnant Hansen jedoch widersprach ihm und sagte, er sei jetzt Chef der Wache und wollte seine Wache gehen. Es sei durchaus nicht nötig, daß der Kapitän dies auch noch täte. ‚Es bleibt dabei, wie ich es angeordnet habe', sagte Amundsen. ‚Ich weiß, wer gearbeitet hat und wer Ruhe nötig hat. Ihr geht alle in Eure Kojen.' Dabei blieb es" (Hanssen 1955, S. 20).

Auch auf der Südpoltour war Amundsen beim Anlegen der Depots stets mit dabei – „Er wollte", wie Hanssen schreibt, „alles mitmachen und sich nicht schonen" (Hanssen 1955, S. 82).

Für die Arbeitsmoral der Mannschaft hieß das: „Es war für niemanden von uns schwierig, sich mit Leib und Seele einzusetzen, weil der Chef der Expedition mit solch gutem Beispiel voranging" (Hanssen 1955, S. 175).

Mache deine Ziele zu den Zielen deines Teams und lass dann los!

„Kurz vor der Polerreichung hatte die Mannschaft keineswegs an Schwung eingebüßt. Die Stimmung war hervorragend. Sie brauchten weder Schmeicheln noch gutes Zureden, noch nicht einmal ausgesprochene Führung. Ihr eigener Wille schien sie anzutreiben und Amundsen war fast nur Zuschauer bei der Durchführung seiner Pläne; er führte nur noch unsichtbar" (Huntford 2000, S. 416).

Huntford beschreibt hier eindrucksvoll, wie leicht Führung sein kann, wenn es durch gemeinsame Ziele keiner direkten Führung mehr bedarf.

Wisting schrieb später: „Es war nicht seine, sondern unsere Expedition – wir waren ein Team und hatten dasselbe Ziel" (Wisting 1930, S. 19).

Die Erfolgskompetenzen zum Amundsen-Prinzip

Winter 1910 in Framheim: Bjaaland, Hassel, Hanssen, Wisting, Amundsen, Johansen und Prestrud (von links). Alle arbeiteten auf das eine große Ziel hin: die Eroberung des Südpols.

Auch Amundsens Anweisungen an Oberleutnant Nilsen, der das Kommando an Bord der Fram übernahm, während Amundsen an Land war, waren nicht als Befehle von oben formuliert, sondern als Vereinbarungen unter Partnern. „Gemäß Plan, den wir gemeinsam ausgearbeitet haben", so lautete die Einleitung von Amundsens schriftlicher Instruktion, in der er Nilsen „... völlige Freiheit in allem, was den Interessen der Expedition dient" ließ (Huntford 2000, S. 291).

Die Auslegung von Befehlen setzt insbesondere in Ausnahmesituationen Urteilsvermögen voraus. Es ist gefährlich, Untergebene mit rigiden Instruktionen festzulegen. Wortwörtlicher Gehorsam kann das Unheil heraufbeschwören. Es gilt, sich den Umständen anzupassen und das eigentliche Ziel im Auge behalten zu können.

2. Amundsens Führungsleitlinien

Für die Führungskraft, die an ihre Mitarbeiter Verantwortung delegiert, stellt sich die oftmals gewaltige Herausforderung, die eingeräumten Verantwortungszonen und Freiräume auch zu respektieren. Das kann für Amundsen nicht anders gewesen sein. So war es für ihn selbstverständlich, den verschiedenen Werkstätten, die in „Framheim" eingerichtet waren, grundsätzlich fernzubleiben. Er glaubte, dass ungebetene Einmischung, so gut gemeint sie auch sein mochte, als Schnüffelei verstanden würde und der Moral schadete.

Zudem wusste er, dass er sich auf Fähigkeiten und Sorgfalt seiner Männer verlassen konnte.

Beziehe die Mannschaft mit ein!

„Amundsen hat ... uns nur seine Pläne vorgetragen und sie uns zu einer Stellungnahme vorgelegt. Nachdem wir alle seinen Vorschlag gründlich durchdacht und diskutiert hatten, waren wir uns einig, daß wir nichts anderes zu tun hatten, als ihm zuzustimmen" (Hanssen 1955, S. 89).

Helmer Hanssen berichtete nach der Südpolexpedition mehrfach über solche Abstimmungen in der Mannschaft und dass Amundsen seine Männer in Entscheidungen wo immer möglich einbezog.

Dabei gab es auch Situationen, in denen sich Amundsen dem Votum seiner Truppe beugte. Vor dem Anlauf zum Pol unterbreitete er zweimal den Vorschlag, die Ausrüstung auf einem Vorstoß auf das King-William-VII.-Land nochmals zu testen. Zweimal stellte er den Vorschlag zur Abstimmung und zweimal wurde er einstimmig abgelehnt, was er so auch akzeptierte. Dass er das konnte, hing sicherlich in hohem Maß von dem Vertrauen ab, das Amundsen in seine Mannschaft hatte. Er war sich bewusst, dass er sich auf die von ihm selbst zusammengestellte exzellente Profimannschaft verlassen konnte, und schätzte daher das Urteil jedes Einzelnen.

Amundsen hatte zudem ein Gespür dafür, wie er seine Männer in symbolträchtige Handlungen einbeziehen konnte.

Oscar Wisting erinnerte sich nach der Südpolfahrt an die Ankunft am Pol: „Roald Amundsen ließ uns zusammentreten, um die Flagge aufzupflanzen. ‚Es ist nicht das Vorrecht eines einzelnen, diese Zeremonie auszuführen', sagte er. ‚Es ist das Vorrecht all derer, die ihr Leben für diese Sache aufs Spiel gesetzt haben.' Jeder Mann umfaßte die Fahnenstange, und gemeinsam hißten wir die norwegische Flagge am Südpol, auf den bisher noch kein menschliches Wesen seinen Fuß gesetzt hatte" (nach: Huntford 1989, S. 131).

Zweifelsohne war sich Amundsen der weit reichenden Kraft solch großer Gesten bewusst – wusste er doch auch um den ungeheuer wichtigen Stellenwert von guter Stimmung im Team.

Halte die Moral der Truppe hoch!

Für Amundsen war, wie für Napoleon, die Moral der Truppe der halbe Sieg.

Ihm war klar, welch immenser Wert in einem funktionierenden Teamgeist liegt. Als sich in 1925 nach ihrer Notlandung nahe des 88. Breitegrads die Besatzungen von N24 und N25 nach anfänglicher räumlicher Trennung wieder gefunden hatten, schrieb Amundsen:

„Was uns dreien mißlungen war, gelang uns zu sechst mit Leichtigkeit. Es war nicht nur der Zuwachs an physischer Kraft, sondern auch ganz besonders das Bewußtsein, daß wir jetzt alle wieder beisammen waren ... Wir verstanden, daß wir mit vereinten Kräften alles erreichen könnten" (Amundsen 1925, S. 60).

2. Amundsens Führungsleitlinien

Besonders in schwierigen Situationen vermochte Amundsen durch seinen Optimismus und seine Bereitschaft, jederzeit selbst anzupacken, diesen existenziellen Teamgeist zu wecken.

Zu dem erkannte er früh die verbindende Kraft des Feierns und der kurzen wirkungsvollen Ansprachen. Als die Gjöa Oslo verlassen hatte und auf offener See Richtung Nordwestpassage war, erschien Amundsen mit einer Flasche Rum an Deck, schenkte die Gläser voll und sagte: „Nun Jungs, sind wir die Gläubiger los. Jetzt kommt es nur darauf an, daß jeder seine Pflicht tut. Das ist leicht. Prost und gute Fahrt!"(nach: Ristvedt 1956, S. 144).

Auch in Framheim lieferte Amundsen Beispiele für seine Kenntnis um die Funktion des gemeinsamen Feierns: Am 7. Juni stießen die Männer auf den sechsten Jahrestag der norwegischen Unabhängigkeit von Schweden an. In seiner Rede während des üppigen Abendessens hob Roald Amundsen den Zusammenhalt als wichtigsten Grund dafür hervor, dass norwegische Polarexpeditionen so einzigartige Ergebnisse erzielt hätten. Es sei derselbe Zusammenhalt, der auch die gegenwärtige Expedition präge. Er bedankte sich für den Einsatz und trank auf das Wohl seiner Männer.

Amundsen wusste aus zahlreichen eigenen Erfahrungen, dass lange Zeiten des Wartens an den Nerven des Einzelnen zehren und ebenso die Stimmung eines Teams zermürben können. In einer kleinen, von der Außenwelt abgeschnittenen Gemeinschaft können sich winzige Einbildungen zu riesigen Verschiebungen der Realität auftürmen. Eine normale morgendliche Verdrießlichkeit kann so rasch zu einer beträchtlichen Gefahr für die allgemeine Stimmung werden. Daher erfand Amundsen einen nützlichen Wettbewerb: Er ließ seine Mannschaft morgens schätzen, wie niedrig die Nachttemperatur gewesen war. Sorgfältig schrieb er die Angaben jedes Einzelnen auf und am Ende des Monats rechnete er den Durchschnitt der Angaben aus. Wer am besten taxiert hatte, bekam einen Preis. Hanssen berichtet: „Zuletzt hatten wir solche Übung in der Feststellung der Temperatur, daß wir nur die Nase durch den Türschlitz zu stecken brauchten, um den Kältegrad genau angeben zu können" (Hanssen 1955, S. 85).

Als während des langen Winters, bevor es richtig losgehen konnte, die Stimmung in Framheim immer gedrückter wurde, sann Amundsen nach weiteren Möglichkeiten, dem zu begegnen. So ernannte er einen Vergnügungsminister, der Schallplattenkonzerte, Scharfschießen mit Pfeilen und anderen Zeitvertreib erfinden und arrangieren musste. Selbst Karneval feierten sie als lustiges Verkleidungsfest.

Die Weitsicht, in die Stimmung seines Teams zu investieren, behielt Amundsen auch auf späteren Expeditionen bei.

1925, während der Vorbereitungen der geplanten Nordpolflüge. Amundsen und seine Mannen feierten den 17. Mai, den norwegischen Nationalfeiertag, äußerst ausgelassen mit „Olympischen Spielen" – Sackhüpfen, Tauziehen und andere Aktionen sorgten für den Spaß, der ihnen half, die Mühen des Alltags zu versüßen. (Amundsen 1925, S. 43)

Doch Feiern, Spiele und Spaß waren nicht die einzigen Mittel, die Amundsen erfolgreich für die gute Stimmung in seinem Team einsetzte. Wie im Abschnitt „Beziehe die Mannschaft mit ein" dargestellt, bot er dem Einzelnen und der Mannschaft häufig den Raum, Sichtweisen und Verbesserungsvorschläge einzubringen.

Damit sorgte er für ein Ventil, durch das übermäßiger Druck in der Stimmung abgelassen werden konnte: Am Ziel der Depotfahrt zum 82. Breitengrad diskutierte die Mannschaft zwei Abende lang über die frisch gesammelten Erfahrungen und die zahlreichen Optimierungsmöglichkeiten. Man beschloss konkrete Änderungen und konnte erleichtert die Rückfahrt zur Ausgangsbasis antreten. „Morgen", schrieb Amundsen an dem Abend, als die Gruppe zurückgekehrt war, „feiern wir das Ende der Herbstarbeit und wir können das wirklich mit gutem Gewissen feiern" (nach: Huntford 2000, S. 303).

Transferbaustein Nr. 12

Ein Bild von Führung oder ein Selbstverständnis als Führungskraft zu haben ist die eine Sache, eine sehr wichtige noch dazu. Jedoch erst mit konkreten Handlungsleitlinien erhält die Idee Kontur, wird Führung greifbar.

Seit vielen Jahrzehnten werden Führungsstilmodelle erst entworfen, dann oftmals wieder verworfen. Das Modell des situativen Führens der beiden Amerikaner Hersey und Blanchard hält sich hingegen schon beachtliche Zeit. Ihr Ansatz setzt die beiden Dimensionen „Aufgabenorientierung" und „Beziehungsorientierung" in ihren unterschiedlichen Ausprägungsgraden in Relation und versucht dabei der Unterschiedlichkeit von Umständen gerecht zu werden: Das Führungsverhalten, das in Situation A noch genau richtig war, kann in nur leicht veränderter Lage B schon falsch sein.

Situationen, in denen Menschen geführt werden, sind so unterschiedlich wie die Menschen selbst.

Was sind die Botschaften und Impulse aus Amundsens Führungsgrundsätzen?

Die Erfolgskompetenzen zum Amundsen-Prinzip

1. Sei Vorbild und packe selbst mit an!

Wer sich zu groß fühlt für kleine Aufgaben, der ist zu klein für große Aufgaben. Falsch verstandenes Delegieren verbunden mit der Degradierung von denkenden Mitarbeitern zu Ausführern von Anordnungen zählt zu den klassischen, zum Glück aber auch offensichtlichen Fallen in Führungsaufgaben.

Für Sie kein Thema? – Prima! Aber sorry:

- Wann haben Sie das letzte Mal den Kaffee im Büro gekocht?

Oder:

- Was ist eigentlich so irritierend an dem Gedanken, die durchgesehene Post zumindest auf der Etage mal selbst zu verteilen oder für eine einzelne Kopie statt zum Telefon zu greifen die zwölf Meter zum Kopierer selbst zu gehen?

2. Mache deine Ziele zu den Zielen deines Teams und lass dann los!

Es klingt so einfach und so logisch: Bei einem hohen Maß an Identifikation der Mannschaft mit den gemeinsamen Zielen entsteht ein Klima ausgeprägten Verantwortungsbewusstseins. Auf stets präsente Hierarchie kann dabei im Alltag verzichtet werden. Und an die Stelle von erzwungenem Gehorsam kann produktive, freiwillige Zielverfolgung treten.

Der Südtiroler Extremabenteurer Reinhold Messner schrieb während seiner Antarktisdurchquerung (die er mit dem deutschen Abenteurer Arved Fuchs 1989/90 zu Fuß unternommen hatte): „Würde mich jemand zwingen, diese elende Schinderei zu Ende zugehen, ich hätte schon aufgegeben. Aber wir taten und tun es freiwillig und bestimmen uns Tag für Tag dazu, weiterzugehen" (Messner 1990, S. 317).

Und wie geht das, eigene Ziele zu Zielen der Mitarbeiter zu machen? Klar ist: Ihre Ziele können Sie nur teilen und weitergeben, wenn Sie sie selbst kennen. Der Rest ist Kommunikation. Oftmals als Zielvereinbarungsgespräch zu zweit oder aber *vor* und noch wichtiger *mit* dem gesamten Team – offene Kommunikation mit dem Blick nach vorne und dem Mut zu klaren Worten und verbindlichen Absprachen.

- Wann ist nächste Gelegenheit, mit Mitarbeitern über Ihre Ziele zu sprechen?

Das Thema „Loslassen" hat in erster Linie mit Vertrauen zu tun und nicht selten auch mit einem ungesunden Perfektionsanspruch, der davon ausgeht, dass die schwierige Herausforderung doch eigentlich nur durch mich als Führungskraft und Lichtgestalt zu bewältigen ist. Oder ist es die versteckte Sorge, vielleicht gar nicht mehr gebraucht zu werden?

- Wie gut können Sie „sich raushalten" und loslassen?
- Was müsste denn passieren, damit es Ihnen leichter fallen würde? – Und was können Sie für diese notwendige Änderung tun?

3. Beziehe die Mannschaft mit ein!

„Entscheidungen sind Chefsache!" – das beste Mittel sich als Führungskraft (a) unersetzlich und (b) mit Hochgeschwindigkeit zum Herzinfarktkandidaten zu machen. Ach ja: (c) Es wird Sie über kurz oder lang auch noch Ihre besten Mitarbeiter kosten!

Wir reden hier nicht einer Basisdemokratie in der Wirtschaft das Wort. Die Führungskraft trägt Verantwortung und wird in der Regel auch genau dafür bezahlt. Das kann jedoch kein Freibrief für einsame Entscheidungen und Kommunikationsvakuum sein.

Der Gedanke der Identifikation der Mitarbeiter mit Zielen und die Frage, wie Ziele auch zu Zielen der Mitarbeiter werden können, drängen sich hier abermals auf.

- Welche Ihrer Entscheidungen wollen Sie auch weiterhin allein treffen?
- Für welche Entscheidungen braucht es Sie vielleicht gar nicht? Welche können Sie guten Gewissens abgeben? Und an wen?
- Welche Unterstützungen/Entwicklungen brauchen Ihre Mitarbeiter noch, um Entscheidungen treffen zu können?
- Zu welchen Fragestellungen werden Sie Ihr Team oder Einzelne daraus künftig hinzuziehen?
- Welche Entscheidungen können von anderen vorbereitet werden? Wo können Sie Vorarbeiten delegieren?

4. Halte die Moral der Truppe hoch!

Der Gedanke an die nächste Firmenweihnachtsfeier oder den überfälligen Betriebsausflug ist hier erlaubt, greift aber unbedingt zu kurz. Moral und gute Grundstimmung sind keine Frage von ein oder zwei Ereignissen im Jahr, die zudem aus Kostengründen oft sehr fahrlässig dem Rotstift zum Opfer fallen. Seien Sie sich Ihrer täglichen Verantwortung als Führungskraft bewusst: Gute Stimmung steckt an – schlechte auch! „Der Fisch fängt am Kopf an zu stinken", heißt ein norddeutsches Sprichwort. Und genau so ist es. Ist der Chef schlecht drauf, braucht es möglicherweise legale Drogen, Lethargie oder Schadenfreude, damit die Mitarbeiter nicht ins nächstbeste freie Loch fallen.

Es geht nicht darum, ständig nur noch super gelaunt und Stimmung versprühend durch die Flure zu tanzen. Niedergeschlagenheit, Traurigkeit und schlechte Stimmung gehören zu unserem Leben wie die Sternstunden und Glücksmomente. Nur sollten Sie ihnen keine Prominentenplätze in der ersten Reihe reserviert halten und sie nicht zu Ihrem Lebensmotto hochstilisieren.

Tabuisieren Sie schlechte Laune nicht, sie gräbt sich sonst nur noch tiefere Gänge. Lernen Sie aber, aus Zitronen Limonade zu machen, Schwierigkeiten den angemessenen (aber auch nicht mehr) Raum zu geben, die Lernchance im Misslingen zu sehen und aufmerksam für das Licht am Ende des Tunnels zu sein. Übernehmen Sie Verantwortung: Treffen Sie täglich die bewusste Entscheidung, mit welcher inneren Einstellung Sie in den Tag gehen wollen.

- Welche negativen Einflüsse stören die Arbeitsatmosphäre? Und welche davon können Sie wodurch ändern oder abstellen?
- Wer in Ihrem Team könnte zur Zeit eine moralische Unterstützung gebrauchen? Und worüber, glauben Sie, würde er/sie sich freuen?
- Wie feiern Sie den nächsten Erfolg in Ihrem Team?
- Was hält Sie davon ab, morgen, nein heute, positiver und besser gelaunt weiterzumachen? (Stellen Sie sich diese Frage bei Bedarf bitte ein zweites und drittes Mal.)

3. Amundsens Fähigkeit, Menschen richtig auszuwählen und einzusetzen

„Der menschliche Faktor macht drei Viertel einer Expedition aus", sagte Amundsen gern. Er schätzte perfekte Planung und Vorbereitung als wichtige Voraussetzungen um Ziele zu erreichen – doch war ihm klar, dass jede noch so gute Vorkehrung ohne das Umsetzen durch den Menschen nichts wert war.

Deshalb stellte er sich seine Mannschaft mit Bedacht zusammen. Missratene Söhne konnte er ebenso wenig brauchen wie gescheiterte Existenzen oder Abenteurer. Ein falscher Mann war weit gefährlicher als der schlimmste Schneesturm. Er verlangte uneingeschränkten Einsatz und hatte keine Verwendung für Tagelöhner. Kleine Tests halfen ihm, ungeeignete Leute von vornherein auszusondern: Einem Matrosen, der auf der Gjöa anheuern wollte, gab Amundsen den Auftrag, Nahrungsmittel im hinteren Laderaum zu verstauen. „Das geht nicht", war die Antwort, „da ist kein Platz." „Für Sie ist auf diesem Schiff auch kein Platz. Packen Sie Ihre Sachen und gehen Sie", war Amundsens harte Antwort. (nach: Huntford 2000, S. 65)

Arnesen schreibt, dass Amundsen mit dem, der zu ihm kam und sagte: „Das geht nicht, das kann ich nicht", rasch fertig war. Sagte aber ein Mann, der eine schwierige Aufgabe zugewiesen bekam: „Ich will sehen, was ich tun kann, ich will es versuchen", dann war er Amundsens Freund. (Arnesen 1931, S. 188) In den heiklen Herausforderungen der Antarktis konnten mangelnder Einsatzwille und fehlende Zuversicht lebensgefährlich werden.

Amundsen suchte Menschen, die mit ihrer Umwelt in Frieden lebten. Unabdingbar war, dass sie in ihrem Arbeitsbereich, der mit der Polarfahrt zu tun haben musste, erfolgreich waren. Nicht Glücksspielermentalität und Abenteuerlust, sondern Neugier und Tatkraft sollten sie aus einem sonst geordneten Leben heraustreiben.

Sein Wunsch war es, alle Teilnehmer an seinen Fahrten mit demselben Willen zum Vorwärtsdringen beseelen zu können, der ihn selbst erfüllte, sodass allen Widerwärtigkeiten mit Lächeln begegnet würde. Das Antreiben eines willensschwachen Gefolges wollte er nicht zu seinem Geschäft machen.

„Arbeiten mit Profis", ein Satz, der uns in der Gegenwart häufig in niedergeschriebenen Firmenselbstverständnissen begegnet, spielte auch für Amundsen eine große Rolle. Er suchte Männer, die ihre fachlichen Aufgaben beherrschten und zudem ausdauernd und belastbar waren. Mit Blick auf die zu erwartenden Extremsituationen sollten sie mitdenken können, jedoch, von Nilsen, dem Kapitän der Fram abgesehen, keine eigenen Führungsansprüche entwickeln. Und Amundsen hatte bei seiner Personalrekrutierung ein gutes Händchen. Hier einige Beispiele:

3. Amundsens Fähigkeit, Menschen richtig auszuwählen und einzusetzen

Kapitän Nilsen (mit Kopftuch) und der zweite Steuermann Gjertsen. Mit ihrem Sextanten messen sie den Erhebungswinkel der Sonne.

- Thorvald Nilsen
  Auf die Fähigkeiten des Kapitäns der „Fram" hielt Amundsen große Stücke: „Der Plan für unsere Arbeit ... wurde heute ausgehängt. Nilsen ist ein Meister im Einteilen und er hat den Plan ausgearbeitet. Ich habe jedes Wort akzeptiert; der Plan ist die Perfektion selbst." (nach: Huntford 1989, S. 71)
  Am 15. Januar 1911 hielt Amundsen in seinem Tagebuch fest, dass Kapitänleutnant Nilsen „... die seit Norwegen zurückgelegte Entfernung berechnet hatte. Sie beträgt 15.938 Seemeilen und war auf 16.000 Seemeilen geschätzt worden" (nach: Huntford 1989, S. 43).

- Helmer Hanssen
  Der beste Hundelenker der Expedition. Er konnte sich in die Tiere hineinfühlen und war stolz darauf, dass er so gut wie nie zur Peitsche greifen musste, was er schon auf der Nordwestpassage bewiesen hatte. Für die Südpolfahrt sorgte Amundsen dafür, dass Hanssen, der inzwischen beim norwegischen Zoll arbeitete, unbezahlten Urlaub bekam.

- Olav Bjaaland
  Für Amundsen stand fest: Das Rennen zum Südpol wird von den besseren Skiläufern gewonnen werden. Mit Olav Bjaaland hatte er einen Mann dabei, der einige Jahre zuvor nach damaligen Maßstäben Skiweltmeister geworden war. Für das Team war es gewiss ein gutes Gefühl, einen Skichampion bei sich zu haben (und zudem zu wissen, dass die englischen Rivalen keinen hatten).

- Knut Sundbeck
  Der erste Maschinist der Fram, ein Schwede, gehörte zu den Technikern, die den nagelneuen Dieselmotor der Fram – den vierten Schiffsdiesel überhaupt – gebaut hatten. Amundsen schreibt über Sundbeck: „Als Ingenieur und Maschinist ist er ein Genie, als Arbeiter gewissenhaft und unermüdlich, als Mensch in jeder Hinsicht ein leuchtendes Vorbild" (nach: Huntford 1989, S. 98).
  Sundbeck erinnerte sich später: „Bei unserer ersten Begegnung wurden nicht viele Worte gewechselt. ‚Ich tue, was ich kann', sagte ich. ‚Sehr gut', antwortete er, ‚mehr kann niemand tun.' Und damit war der Vertrag zwischen uns geschlossen" (nach: Huntford 2000, S. 245).

3. Amundsens Fähigkeit, Menschen richtig auszuwählen und einzusetzen

Olav Bjaaland, internationaler Champion in der nordischen Kombination am Holmenkollen

In einem Fall jedoch musste Amundsen inkonsequent sein: Den früheren Gefährten Nansens, Hjalmar Johansen, nahm Amundsen auf Nansens Drängen mit. Johansen war mit umfangreichen Arktiserfahrungen hoch qualifiziert. Er war ehemals norwegischer Meister im Turnen, physisch ein bulliger und zäher Bursche und im Vergleich zu Amundsen auch der bessere Skiläufer und Hundetreiber. Doch hatte er einen tiefen Absturz in Depressionen und einige Jahre schwerster Alkoholprobleme hinter sich. Amundsen wusste: Ein solcher Mann konnte unter Belastung zur Gefahr und mit seiner umfangreichen Erfahrung zudem zur Bedrohung seiner Autorität werden. (Unter der Überschrift „Amundsens Durchsetzungsvermögen" lesen Sie mehr über die unausweichliche Zuspitzung dieser Konfliktkonstellation.)

Auf jeden Fall lernte Amundsen aus dieser Inkonsequenz und hielt sich bei künftigen Expeditionen eisern an seine Profi-Maxime.

Für Amundsen bestand kein Zweifel, dass er Profis brauchte, und er wusste, dass er Profis auch als solche bezahlen musste: Helmer Hanssen verdiente als Matrose auf seinen Küstenfahrten Anfang des Jahrhunderts 40 bis 50 Kronen im Monat. Für die Nordwestfahrt erhielt er 80 Kronen monatlich und auf der Südpolfahrt zahlte Amundsen ihm 150 Kronen.

In seiner Vorstellung, wie Arbeit richtig verteilt und strukturiert sein müsste, folgte Amundsen Grundideen, die es lohnen, näher betrachtet zu werden:

- Sinnvolle Arbeitsteilung erhöht die Wirksamkeit und Geschwindigkeit der Arbeitsgruppe
- Kleine Arbeitsgruppen haben weniger internen Koordinationsaufwand und sind leichter zu führen
- Klare Rollen und Aufgabenverteilung sorgen für einen reibungslosen Ablauf und vermeiden sowohl Leerlauf als auch Doppelarbeit
- Strukturierte Tagesabläufe vermitteln Sicherheit und bieten Hilfe gegen Überforderung und Langeweile

3. Amundsens Fähigkeit, Menschen richtig auszuwählen und einzusetzen

Arbeitsteilung

In einem Vortrag „Meine Reise zum Südpol" berichtete Amundsen von der Landung der Fram und der konsequenten Arbeitsteilung dabei: „Wir teilten uns in zwei Gruppen, die Schiffsgruppe und die Landgruppe ... Die Schiffsgruppe hatte alles vom Schiff auf das Eis abzuladen. Dort übernahm es die Landgruppe und brachte es zu der Stelle, wo wir unser Haus bauen wollten." Und wenig später ging die Gruppenteilung weiter: „Die Landpartei war inzwischen in zwei Abteilungen geteilt worden, von denen die eine die noch fehlenden Vorräte, Ausrüstungsgegenstände und dergleichen vom Schiff zu holen hatte; die andere sollte einen Ausflug in südlicher Richtung vorbereiten mit der Aufgabe, die nächste Umgebung zu erforschen und ein Depot zu errichten" (Amundsen 1912, S. 484).

Kleine Arbeitsgruppen

In der obigen Beschreibung steckt auch die Erkenntnis, dass kleinere Arbeitsgruppen oft wirksamer sind als größere. Der Aufwand für Koordination und Absprachen ist in der Regel geringer.

Erkenntnisse aus der Soziologie stützen unsere eigenen Erfahrungen in der Arbeit mit Gruppen: Arbeiten mehr als zwölf Menschen zusammen, bilden sich meist Untergruppen, da die Dichte möglicher und für das Gruppenleben auch sinnvoller und notwendiger Interaktionen zu hoch wird.

Helmer Hanssen verleiht der Empfehlung der kleinen Gruppe noch einen weiteren Aspekt: „Meiner Meinung nach können bei einer Expedition lieber zwei Mann zu wenig als zwei Mann zu viel sein. Die ganze Mannschaft muß stets beschäftigt sein und das Gefühl haben, daß ihre Arbeit von Nutzen ist. Eine notwendige Arbeit wird gern ausgeführt, während eine überflüssige Arbeit böses Blut macht" (Hanssen 1955, S. 113).

Die Erfolgskompetenzen zum Amundsen-Prinzip

In einer der Werkstätten in Framheim: Prestrud, Johansen, Bjaaland und Wisting (von links). Im kleinen Team erkannte Amundsen einen entscheidenden Erfolgsfaktor.

Zum Vergleich: Die Nordwestpassage bewältigte Amundsen mit sechs Männern – Sir John Franklin scheiterte am gleichen Ziel mit einer 128-köpfigen Mannschaft.

Klare Rollen und Aufgaben

Auf der Fahrt durch die Nordwestpassage verteilte Amundsen klare Aufgaben, die jedoch zumeist nicht personengebunden waren, sondern auch mehrfach rotierten. Peisson schildert die Fahrt durch das Eismeer folgendermaßen: „Ein Mann auf der Mastspitze kündigte die größten Spalten im Eise an; ein anderer, der Länge nach über dem Bugspriet liegend, peilte; ein dritter war bereit, den Anker auszuwerfen; zwei andere vergrößerten von den beiden Bordseiten aus mit Bootshaken die Risse im Eis, und Ristved ließ den Motor laufen, stoppte ihn oder stellte in rückwärts ein, je nach Befehl. Amundsen seinerseits, die Hand auf der Ruderpinne, achtete

3. Amundsens Fähigkeit, Menschen richtig auszuwählen und einzusetzen

aufmerksam auf jede Warnung, jeden Ausruf, jeden Schrei und jeden Fluch seiner Kameraden" (Peisson 1953, S. 124).

Auf der Fahrt zum Südpol verzichtete Amundsen auf die Form der „Jobrotation" und verteilte die Aufgaben und Rollen personenspezifisch. Hierbei gab er sich viel Mühe, die Arbeit jeweils auf den betreffenden Menschen zuzuschneiden.

So war Hassel für die Paraffinvorräte zuständig, Bjaaland richtete die Schlitten und Geschirre, Wisting zeichnete für Näharbeiten an Zelten und Kleidung verantwortlich, Stubberud hatte Schreineraufgaben, Johansen kümmerte sich um die Verpackung von Material und Vorräten, die mitgenommen werden sollten, und Lindstrom sorgte für das Essen sowie die Sauberkeit und Behaglichkeit im Überwinterungshaus.

Oscar Wisting mit seiner Nähmaschine beim Ändern der Expeditionszelte. Sämtliche Ausrüstungsgegenstände wurden mehrfach getestet, überdacht, verändert und optimiert.

Die Erfolgskompetenzen zum Amundsen-Prinzip

Bjaaland beim Abhobeln der Schlittenkufen in seiner Tischlerei. Damit verringerte er das Gewicht der Schlitten um mehr als die Hälfte.

Strukturierte Tagesabläufe

Wie in den Aufgaben und Zuständigkeiten, so wahrte Amundsen die klare Ordnung und Struktur auch in den täglichen und wöchentlichen Zeitroutinen während all seiner Expeditionen. In Framheim begann die Arbeit um 9 Uhr und wurde um 11.30 Uhr unterbrochen, damit alle um 12 Uhr zum Essen pünktlich waren. Dann wieder Arbeit von 14 bis 17.15 Uhr, sechs Tage die Woche, Samstag war Saunaabend.

Es gab jedoch auch außerhalb der Arbeitszeiten meist nur ein Thema: „Was können wir noch tun, um als Erste sicher den Pol zu erreichen?"

Nach dem Flug 1925 berichtete sein Expeditionspartner Lincoln Ellsworth von Amundsens Disziplin: „... feste Zeiten für Essen, Arbeiten und Schlafen und auch zum Rauchen und Reden. Er wußte, daß Männer in Belastungssituationen rasch zusammenbrachen, wenn man sie in den Tag hineinleben ließ. Außerdem förderte ein geregelter Tagesablauf die Vertrauensbildung" (nach: Huntford 1989, S. 197).

Transferbaustein Nr. 13

„Gute Personalauswahl ist die beste Personalentwicklung." Ein Gedanke, der regelmäßig für Unmut bei Trainerkollegen oder unausgeschlafenen Personalentwicklern sorgt. Aber wohl deswegen, weil Personalentwicklung allzu oft auf das defizitorientierte „Nachbessern" von Mitarbeiterqualifikationen beschränkt wird und zukunftsorientierte Entwicklungsarbeit und Karriereplanung ausblendet.

Gleichwohl, die Arbeit mit Profis gehörte zu den zentralen Maximen Amundsens. Übertragen in unseren heutigen Alltag dürfen wir uns allerdings nicht in einem Schwarzweißdenken verfangen. Es kann eben nicht bedeuten, dass ausschließlich Professionals Chancen erhalten und schwächeren Mitgliedern der Gesellschaft das Anheuern grundsätzlich verwehrt bleibt. Keine Frage: Unternehmen und Organisationen haben hier ihre soziale Verantwortung zu tragen.

Vielmehr muss es darum gehen, den passenden Schlüssel mit dem richtigen Schloss zusammenzubringen. Amundsen hütete sich davor, Mitarbeiter anzuheuern, die für wesentliche Teilbereiche der Aufgabengebiete unter- oder, was ihm als Führungskraft noch gefährlicher erschien, überqualifiziert waren.

Wenn Sie sich beispielsweise entschieden haben, für eine genau definierte Stelle mit überwiegend administrativen Aufgaben einen neuen Mitarbeiter zu suchen, sollten Sie nicht der Versuchung erliegen, sich und Ihr Team mit einem Highpotential-Kandidaten schmücken zu wollen. Die Enttäuschung, die bei dem Mitarbeiter aus Unterforderung zwangsläufig entstehen wird, ersparen Sie am besten allen Beteiligten.

Checken Sie ab:

- Wie sehen die Stärkenprofile Ihrer Mitarbeiter aus?
- Wo gibt es größere Abweichungen dieser Profile mit den Profilen der Aufgaben der Mitarbeiter?
- Wie lassen sich im Team Aufgaben orientiert an Profil und Potenzial des einzelnen Mitarbeiters besser verteilen?

Vor der nächsten Personalsuche:

- Wie genau sieht das Profil des gesuchten Mitarbeiters aus?
- Was erfordert die Stelle und was die Teamkultur?

Mit Blick auf die Grundideen von Amundsens Arbeitsverteilung und -strukturierung:

Starke Arbeitsteilung trägt immer auch die Gefahr der inhaltlichen Verarmung in sich und ist somit insbesondere für Krisensituationen und kürzere Zeitfenster angeraten. Dort ist sie jedoch dem Ansatz „Jeder erledigt Aufgaben von A bis Z" hinsichtlich Effizienz haushoch überlegen.

Die Empfehlung zu kleinen Teams besteht auch für den ganz normalen Führungsalltag. Speziell mit Blick auf die Führungsspanne: Bei mehr als zwölf Mitarbeitern, die von einer Führungskraft geführt werden sollen, wird eine Führung, die dem Einzelnen noch gerecht werden kann, sehr schwierig.

In welchem Maß Mitarbeiter und Teams klare Aufgaben und geregelte Tagesroutinen brauchen, hängt sehr stark von den einzelnen Typen ab. Unsere Feststellung ist dabei die, dass Menschen auch in ihrem Arbeitsalltag ein Grundbedürfnis nach Orientierung und Sicherheit haben. Sind Aufgaben und Rollen unklar, werden Mitarbeiter versuchen sich diese Klarheit in dem individuell benötigten Maß zu schaffen. Die damit verbundenen Verwerfungen und Verwicklungen sind sehr häufig Ausgangspunkt für Teamentwicklungsmaßnahmen.

> **Überlegen Sie:**
> - Wie viele Mitarbeiter führen Sie – und wie vielen davon glauben Sie tatsächlich individuell gerecht zu werden?
> - Was würden Ihre einzelnen Mitarbeiter zu ihrem Bedarf an Arbeitsteilung sagen?
> - Was glauben Sie, würden einzelne Mitarbeiter über den Bedarf an Aufgaben- und Rollenklarheit anderer Teammitglieder sagen?
> - Wann kommen Sie mit Ihrem Team zu diesen Punkten ins Gespräch?

4. Amundsens Gespür und psychologisches Geschick im Umgang mit Mitarbeitern

„Die Ankerwinde wurde gestoppt, alle Mann wurden an Deck gerufen ... An Deck wartete Nilsen mit einem großen Schriftstück, das er entrollte und an den Hauptmast hängte. Es war eine Karte der Antarktis. Amundsen stellte sich daneben ... ‚Es gibt viele Dinge an Bord‘, begann Amundsen, ‚die ihr misstrauisch oder erstaunt betrachtet habt, doch darüber will ich jetzt nicht sprechen. Was ich sagen will, ist dies: Ich habe die Absicht, nach Süden zu fahren, eine Landungsgruppe auf dem südlichen Kontinent abzusetzen und zu versuchen, den Südpol zu erreichen.‘ Es war totenstill ... In kurzen, knappen Sätzen, ohne Umwege und Effekthascherei, fuhr er fort und erläuterte ihnen sachlich, wie er sie getäuscht und weshalb er sie getäuscht hatte, ... Ohne Sentimentalität, ohne sichtbare Erregung ... legte er ihnen dar, dass er nichts Besonderes, Bemerkenswertes vorhabe. Es handle sich nicht eigentlich um eine Änderung, sondern nur um eine ‚Erweiterung‘ des Planes; ... Es sei nur ein verhältnismäßig kleiner Umweg und würde nicht viel Zeit in Anspruch nehmen. Es wäre ein Jammer, wenn sie es nicht täten, wo sie nun schon einmal da wären. Hinter der scheinbaren Ungezwungenheit seiner Worte verbarg sich seine ganze Fähigkeit, mit den Gefühlen anderer umzugehen, seine Begabung, sich sicher über den Abgrund zu bewegen. Er wusste genau, dass sein Spiel verloren war, wenn er ein falsches Wort falsch gebrauchte, wenn der leiseste Verdacht entstand, dass er auf Heldentaten aus war" (Huntford 2000, S. 251f.).

Erst vor Madeira, während der Fahrt in Richtung Antarktis, erfuhr die Mannschaft, wohin die Reise wirklich ging. Das Ziel veränderte sich um 180° – vor der Reise zum Nordpol sollte noch eben ein Abstecher samt Südpoleroberung gemacht werden.

„Menschen sind die unbekannte Größe in der Antarktis", pflegte Amundsen zu sagen. Und unbekannte Größen bedeuten Risiko und somit Gefahr für eine geplante Zielerreichung. Daher zählte es zu Amundsens vorrangigsten Aufgaben als Führungskraft, sich dieser großen Unbekannten mit dem Ziel zu nähern, in ihr etwas wie Konstanz oder Berechenbarkeit zu finden. Anders als sein Kontrahent Scott stand er nicht in einer Tradition, nach der man dem Kommandanten blind ins Verderben folgt. Seine Männer wären nicht bereit gewesen, für den Pol ihr Leben leichtfertig zu riskieren. So konnte er sich ihrer Unterstützung nur sicher sein, wenn sie sahen, dass er vernünftig handelte. Vernünftig im Sinne von rational richtig konnte jedoch nicht ausreichend sein. Er war zusätzlich immer in seinem Einfühlungsvermögen gefordert, den richtigen Zugang zu jedem einzelnen Teammitglied zu finden.

Da Amundsen die Psyche seiner Landsleute kannte, fand er auch bei der Ansprache vor Madeira vor der ganzen Mannschaft die richtigen Worte. Er hatte die vergangene Fahrtzeit gut genutzt, seine Mannschaft genau zu beobachten. So erkannte er zum Beispiel, wie Huntford es trefflich beschreibt, „... dass Hassel genau der Typus war, der, wenn er falsch angefasst wurde, die psychologische Führung der Gruppe an sich reißen konnte, zumindest in kritischen

4. Amundsens Gespür und psychologisches Geschick im Umgang mit Mitarbeitern

Augenblicken. Er konnte die Übrigen dazu bringen, nicht weiterzumachen, vor allem wenn er fühlte, dass man ihn getäuscht hatte. Amundsen löste dieses Problem, indem er Hassel, kurz bevor sie Madeira anliefen, unter dem Siegel der Verschwiegenheit einweihte. Hassel fühlte sich durch das in ihn gesetzte Vertrauen geschmeichelt. Er sah in Amundsens Planänderung nichts Verwerfliches, wenigstens jetzt nicht, nachdem er dazugehörte" (Huntford 2000, S. 250). Amundsen hatte so auch den potenziellen Kontrahenten auf seine Seite gebracht.

Zu Roald Amundsens Talenten gehörte sein ausgeprägtes Gespür für Untertöne und Gegenströmungen im Team.

Die latenten Unruheherde Hassel und Johansen bezog er nach dem Auslaufen von Madeira enger in die weitere Planung ein. „Während milde Passatwinde die Segel bauschten und die Fram über einen sengendheißen Äquator trieben, saßen Johansen und Hassel zusammen mit Amundsen in dessen Kabine und vertieften sich in die Zahlen über die Eiswüste" (Kvam jr. 1999, S. 40).

Auch in der Antarktis spürte Amundsen Hassels kritisch distanziertere Haltung ihm gegenüber. Deshalb achtete er sehr darauf, dass er sich die unangenehmsten Lagerarbeiten mit Hassel teilte, um bei ihm keine zusätzlichen Ressentiments aufkommen zu lassen.

Was ihm bei Hassel gelang, sollte ihm jedoch bei Hjalmar Johansen, dem erfahrenen, ehemaligen Mitstreiter Nansens, nicht dauerhaft glücken. Hier war Amundsen in seiner Durchsetzungsfähigkeit gefordert. (Mehr dazu im folgenden Kapitel)

Transferbaustein Nr. 14

Zwei Fakten forderten Amundsen vordringlich in seinem Führungsgeschick: Zum einen hatte er es mit einem Team hochkarätiger Individualisten zu tun, deren Unterschiedlichkeit es zu erkennen und zu berücksichtigen galt. Andererseits arbeitete und lebte diese Gemeinschaft 24 Stunden am Tag zusammen. Wer es gewohnt ist, nach einem Acht- bis Zehnstundentag einen klaren Strich unter das tägliche Arbeitskapitel zu ziehen und von seiner Berufs- in die oftmals völlig andersartige Privatwelt zu wechseln, vermag sich die Tragweite dieses fundamentalen Unterschieds zu Amundsens Realität kaum vorzustellen.

Das tägliche „Sich-Arrangieren" oder „professionelle Einnehmen einer bestimmten Rolle inklusive Ableisten eines definierten, geforderten Rollenverhaltens" während einiger Stunden an vier, fünf, höchstens sechs Tagen pro Woche – von zusätzlichen Feiertagen und Urlaubszeiten völlig abgesehen – gelingt uns in der Regel recht gut. Zudem bietet sich uns ja zum so genannten „Ausgleich" oder zur Zerstreuung und Ablenkung eine Vielzahl an Möglichkeiten und konsumbereiten Angeboten.

Stellen Sie sich bitte folgendes Alternativszenario vor: Zusammen mit einer Gruppe von sechs bis zehn Personen leben und arbeiten Sie auf dem begrenzten Raum eines Segelschiffs oder in der Abgeschiedenheit der Wüste oder einer unwirtlichen Gegend am Polarkreis. Auch aus eigener lehrreicher Erfahrung wissen wir: Hier genügen wenige Tage, bis die Masken von über Jahre bewährten Rollenverhalten fallen und sich die Einzelegoismen der Individuen in hochunterschiedliche Auseinandersetzungen mit dem gemeinsamen Ziel und dem Wir-Verständnis der Gruppe begeben.

Gruppendynamik! Wie tickt der Einzelne? Wie ticken Menschen in der Gemeinschaft? Und wie unter Stress? Regalweise Bücher, Seminare, Workshops und Ausbildungen, Studiengänge und endlose Internetverästelungen rund um psychologische, soziologische und gruppendynamische Theorien und Erkenntnisse stehen uns heute zur Verfügung. Amundsen musste sich auf sein Gespür und sein psychologisches Geschick verlassen – Sie haben erweiterte Möglichkeiten!

> **Überlegen Sie:**
> - Wie beurteilen Sie Ihr Gespür für Zwischentöne und Unausgesprochenes?
> - An welche Situationen erinnern Sie sich, in denen Ihre intuitive Einschätzung echte Treffer gelandet hat?
> - Was waren es für Situationen, in denen Sie sich mehr eigene Sensibilität gewünscht hätten?
> - Wer könnte Ihnen Empfehlungen aussprechen, wie Sie Ihre „Antennen" auf Vordermann bringen und Ihr psychologisches und gruppendynamisches Wissen erweitern können?
> - Wie würde sich Ihr Team im Schmelztigel „Segelschiff" verändern? Wie würden Einzelne reagieren?

5. Amundsens Durchsetzungsvermögen

„Am Frühstückstisch ... hielt Johansen es für angebracht, abfällige Bemerkungen über mich und meine Position als Führer unseres Unternehmens zu machen ... Das Schlimme und Unentschuldbare an seinen Bemerkungen ist, daß sie vor aller Ohren gemacht wurden. Der Stier muß bei den Hörnern gepackt werden; ich muß sofort ein Exempel statuieren" (Amundsen, nach: Huntford 1989, S. 116).

Vorangegangen war Folgendes: Am 8. September 1911 setzte sich in Framheim ein Tross aus acht Menschen und sieben Hundeschlitten mit jeweils zwölf Hunden davor in Marsch Richtung Süden. Die eigentliche Eroberung sollte in Angriff genommen werden. Bei diesem ersten und, wie sich rasch herausgestellt hat, verfrühten Aufbruch zum Pol gehörte auch Hjalmar Johansen zu Amundsens Begleitern. Er hatte Amundsen bereits mehrfach vergeblich vor einem verfrühten Start gewarnt. Am 12. September

1911 notierte er in seinem Tagebuch: „Er (Amundsen) hat, trotz Furcht vor den Engländern, eingesehen, daß dies zu früh war" (Johansen, nach: Reinke-Kunze 1996, S. 61f.).

Auf dem Rückweg, rund 40 Meilen vor Framheim, stieg die Temperatur auf – 44° C, das Fahren ging gut, aber niemand wusste, für wie lange sich die Temperaturen halten. Die Frustration des Fehlstarts im Bauch und die Sorge vor wieder fallenden Temperaturen im Kopf, wollte Amundsen die Chance nutzen und ordnete an, die Strecke ohne Unterbrechung zurückzulegen. Um 7 Uhr morgens startete die wilde Jagd zurück zum Ausgangslager. Dabei legten Amundsen, Wisting und Hanssen ein solches Tempo vor, dass Bjaaland, Stubberud sowie Hassel mit ihren Gespannen gerade noch folgen konnten, Prestrud und Johansen jedoch nicht. Sie fielen zurück. Der körperlich geschwächte Prestrud vermochte nur durch die aufopferungsvolle Fürsorge Johansens das Lager zu erreichen.

Am Morgen nach der Rückkehr aller ins Basislager kam es beim Frühstück zu einer heftigen Auseinandersetzung zwischen Johansen und Amundsen über das Verhalten des Expeditionsleiters. „Es ist unüblich, dass sich ein Leiter von seinen Leuten trennt." Und: „Das nenne ich keine Expedition, sondern Panik!", lauteten die Anschuldigungen Johansens. (nach: Reinke-Kunze 1996, S. 62)

„Es kann nur einen geben" – auf seine Aufgabe als alleinige Führungskraft bestand Amundsen. Bedrohungen seiner Autorität als Chef im Ring konnte er nicht ertragen. Beispielsweise verzichtete er auf all seinen Fahrten darauf, einen Arzt mitzunehmen. Er glaubte, ein Arzt bedeutete aufgrund seiner seelsorgerähnlichen Rolle geteilte Befehlsgewalt. Huntford beschreibt: „Hinter Amundsens Autorität verbarg sich eine Empfindlichkeit, die in einfachen Feststellungen einen gezielten persönlichen Angriff erblickte. Seine Leute lernten schnell, dass sie Dinge in die Form einer Frage kleiden mussten und dass Amundsen dann gern bereit war, sie zu erörtern" (Huntford 2000, S. 329).

5. Amundsens Durchsetzungsvermögen

Hjalmar Johansen. Für seine sorgsame und gewissenhafte Arbeit beim Verpacken des Proviants schätzte ihn Amundsen. In anderem Zusammenhang prallten die beiden heftig aufeinander.

Mit Hjalmar Johansen gab es jedoch einen in der Mannschaft, der sich dieser Taktik nicht beugte. Er verfügte über reichhaltige und wertvolle Expeditionserfahrungen: 1894 hatte er zusammen mit Nansen von der im Packeis des arktischen Ozeans driftenden Fram aus auf Skiern einen Vorstoß zum Nordpol gewagt. Erst 461 Tage später – ohne den Pol erreicht zu haben – sollten die beiden wieder einen Menschen sehen.

Und wie packte Amundsen den Stier bei den Hörnern? Er entschloss sich für eine Verkleinerung der Polmannschaft und entledigte sich damit des Unruhestifters. Er ließ Johansen unter der Führung des jüngeren und unerfahreneren Prestrud, der als Leutnant zudem einen niedrigeren militärischen Rang als Hauptmann Johansen innehatte – was zweifelsohne eine zusätzliche Demütigung war –, zusammen mit Stubberud das König-Edward-VII.- Land erforschen.

„Der Chef spricht mich jetzt nie an. Nur die notwendigsten Dinge bei Tisch und wenn ich ihn von der Wache bei den Hunden ablöse. Er, der im Laufe des Winters soviel davon gesprochen hat, daß er nicht verstehen könne, was mit den englischen Expeditionen hier unten los gewesen sei, da ihre Beziehungen untereinander ständig so schlecht waren"(nach: Reinke-Kunze 1996, S. 62).

Dass es in Krisensituationen klare Entscheidungen und Durchsetzungskraft braucht, wusste Amundsen. Allerdings lässt sich dieser Vorfall mit Johansen einschließlich der Aktion, die dazu geführt hatte, in sehr unterschiedlichem Licht betrachten. Klar scheint, dass Amundsen mit der verfrühten Abreise einen Fehler begangen hatte, den er auch eingesehen hat und korrigierte. Seinen zweiten Fehler, zu schnell vorausgefahren zu sein und dabei Teile der Mannschaft aus den Augen verloren zu haben, mag er vermutlich auch eingesehen haben. Ihn einem Kontrahenten wie Johansen nach offen geäußerter Kritik gegenüber einzugestehen, vermochte er jedoch nicht. Somit bot er eine empfindliche Angriffsfläche, insbesondere für den, der die Scharte für ihn auswetzte und zudem von Grund auf auch das Zeug zur Führungskraft hatte. Der unvermeidliche Bruch mit Johansen war herausgefordert worden – zum Glück, mag man sagen –, ehe es zu spät war.

Amundsen war ein Meister darin, potenzielle Gefahren und mögliche Fehlerquellen vorauszusehen und weitsichtig kalkulierend abzustellen. Das große Ziel im Auge, galt es für ihn in dieser

5. Amundsens Durchsetzungsvermögen

Situation – vorausgegangene eigene Fehler hin oder her –, sich durchzusetzen. Und wenn es sein musste, auch unter Einsatz seiner formalen Macht: Erst dem schriftlichen Befehl seines Kapitäns beugte sich Johansen schließlich. „… nicht mehr trotzig, nur noch traurig, reumütig, melancholisch; ein geschlagener Rebell, der doch so viel für die Expedition getan hatte – eine wirklich tragische Figur", wie Huntford schreibt. (Huntford 2000, S. 349)

In dieser Situation lieferte Amundsen zudem ein Paradebeispiel seiner ausgeprägten Fähigkeit des „Interpretierens". So vermerkte er in seinem Tagebuch:

„Viele haben unseren frühen Aufbruch kritisiert. Hinterher ist das immer leicht ... Abgesehen von ein paar erfrorenen Fersen und einigen Hunden, hat unsere Fahrt keine Verluste gekostet. Es war eine gute Übung. Außerdem haben wir das Gepäck bis zum 80. Breitengrad gebracht" (nach: Huntford 2000, S. 348).

Und auch damit hatte Amundsen nicht Unrecht! Der Misserfolg hatte zudem noch Schwächen an einzelnen Ausrüstungsgegenständen aufgedeckt – die Stiefel wurden zum vierten Mal umgearbeitet. Und als vielleicht wichtigstes Ergebnis der ganzen Sache wurde die Polmannschaft von acht auf fünf reduziert, was unterm Strich die Sicherheitsmargen der Depots fast verdoppelte.

Fehler und Missgeschicke vermochte Amundsen zumeist als wertvolle Erfahrungen zu sehen, die den künftigen Erfolg nur noch besser vorbereiten halfen.

Um sich der Verlässlichkeit seiner Männer nach diesem einschneidenden Zwischenfall sicher zu sein, zitierte er einen nach dem anderen zu sich in die Küche, wo er sie nach einem klaren Bekenntnis ihrer Loyalität fragte. Alle gaben ihm grünes Licht. Dieses Verfahren der aneinander gereihten Einzelgespräche nutzte Amundsen gezielt in kritischen Situationen als sein Durchsetzungsvermögen unterstützende Methode.

Transferbaustein Nr. 15

Durchsetzungsfähigkeit gehört auch heute zu den Muss-Kompetenzen einer Führungskraft. Auf Dauer werden Mitarbeiter eine schwache Führungskraft, die sich nicht durchzusetzen weiß, nicht akzeptieren. Die Führungskraft verliert unweigerlich ihre Souveränität und Autorität.

Die möglichen Facetten von Durchsetzungsvermögen sind dabei nicht nur zahlreich, sondern zudem auch höchst unterschiedlich – und ziehen in dieser Unterschiedlichkeit auch verschiedene Konsequenzen nach sich:

Einseitige, dauerhafte Durchsetzung unter dem Einsatz hierarchischer Macht wird über kurz oder lang die mitdenkenden und engagierten Mitarbeiter dazu bringen, am Wochenende die Stellenanzeigen zu studieren ...

Nicht viel anders dürften die Resultate von Durchsetzungskraft sein, die auf rhetorisch geschicktem Überreden gründen. Mitarbeiter merken das rasch und werden ebenso rasch die Nase voll haben davon.

Besser wird es Ihnen ergehen, wenn Sie mit Argumenten zu überzeugen wissen. Sind Sie dabei im Dialog mit Ihren Mitarbeitern und setzen sich auch mit deren Blickwinkeln auseinander, dürften Sie den größten Führungserfolg davontragen. Dabei ist übrigens nicht entscheidend, die Ansichten und Wünsche der Mitarbeiter unbedingt und zwanghaft zu integrieren, sondern sie überhaupt anzuhören und ernst zu nehmen. Mitarbeiter sind dann nachvollziehbaren Argumentationen gegenüber durchaus aufgeschlossen und akzeptieren auf dieser Basis meist auch Entscheidungen, die sie aus ihrer Perspektive anders getroffen hätten.

Nutzen Sie doch außerdem die unterschiedlichen Blickwinkel aus Ihrem Team als willkommene Vergrößerung Ihres Ausblicks. Sie kennen das Problem des toten Winkels in den Seitenspiegeln Ihres Autos – und wir alle haben solche toten Winkel in unserer Wahrnehmung der Wirklichkeit. Erweitern Sie Ihr Blickfeld!

> **Überlegen Sie:**
> - Zu welcher Art von Durchsetzungsvermögen tendieren Sie?
> - Welches Risiko sehen Sie in der Arbeit mit Ihrem Team, wenn Sie Durchsetzung künftig noch stärker dialoggestützt praktizieren?
> - Welche Chance sehen Sie dabei? – Gehen Sie in Ihrer Vorstellung Mitarbeiter für Mitarbeiter durch!

6. Amundsens Fähigkeit zur Wertschätzung

Oscar Wisting war über drei Expeditionen hinweg der vermutlich treueste Gefährte Amundsens. Während der langen Odyssee mit der Maud wollte er aus Pflichtgefühl einen mehrmonatigen Reparaturstopp in Seattle nicht für einen kurzen Heimatbesuch nutzen. Also brachte Amundsen Wistings Frau unter einem Vorwand kurzerhand nach Seattle. Arnesen schreibt dazu: „Zu festgesetzter Zeit ging man zu Tisch. Nur Amundsen läßt auf sich warten. Plötzlich geht die Schiebetür zum Eßzimmer auf, und – Wisting will seinen eigenen Augen nicht trauen – da steht seine Frau leibhaftig an Amundsens Seite. Amundsen lächelt zufrieden, vereinigt die beiden und genießt seinen kleinen Triumph" (Arnesen 1931, S. 186).

Roald Amundsen verfügte über die seltene und kostbare Fähigkeit, Anerkennung und Wertschätzung auszudrücken und ein Lob auszusprechen. In Amundsens Büchern findet sich oftmals warme und vorbehaltlose Anerkennung eines jeden, der gute Arbeit verrichtet hatte. Kein Wunder, dass alle ihm gerne und bereitwillig folgten.

Wie man das Gefühl für die Bedeutung eines Moments weckt, wusste Amundsen genau. Gerne nutzte er kleine Feierlichkeiten und kurze Ansprachen, um danke zu sagen und persönlich adressierte Toasts auszusprechen.

Oscar Wisting auf der „Maud". Er war Amundsens treuester Gefolgsmann. Während 18 Jahren begleitete er Amundsen auf mehreren Vorhaben. „Und nicht einen Moment lang habe ich Grund gehabt, dies zu bereuen", schrieb er später.

6. Amundsens Fähigkeit zur Wertschätzung

Dabei waren ihm die großen Gesten, wie etwa die Weihnachtsüberraschung für seinen Freund Wisting, genauso lieb wie das einfache stumme Zeichen der Dankbarkeit – etwa 1925 auf dem Flug in Richtung Nordpol: „Meine Gefühle in diesem Augenblick waren ein Durcheinander von Dankbarkeit – ein freundliches Nicken und ein dankbarer Blick zu dem Manne, der hinter mir sitzt und dieses brillante Meisterstück ausgeführt hat (Riiser-Larsen, Pilot der N25) – ein warmer stiller Dank an den anderen da drüben, der sich uns eben angeschlossen hat (Dietrichson, Pilot der N24) – ein tiefer herrlicher Dank an meine fünf Kameraden, die alle bereitwillig ihr Leben in die Waagschale werfen ..." (Amundsen 1925, S. 43).

Die N25 im Flug. „Meine Gefühle ... waren ein Durcheinander von Dankbarkeit" (Amundsen 1925, S. 43).

Anerkennende Worte hatte Amundsen jedoch nicht nur für seine Mitarbeiter, sondern durchaus auch für andere Entdecker übrig: „Sir Ernst Shackletons Name wird in der Geschichte der Südpolarforschung für immer mit flammenden Buchstaben geschrieben stehen", würdigte Amundsen 1912 den britischen Kollegen, den er zeitlebens sehr schätzte.

Und mit „Neun norwegische Hurras für Byrd und Bennett" begrüßten Amundsen und seine Gefährten die beiden, die vorgaben, als Erste den Nordpol überflogen zu haben, bei deren Landung 1925 auf Spitzbergen. „Commander Byrd kann für diesen Flug nicht genug gelobt werden. Er und sein Pilot, Floyd Bennett, verdienen die höchste Bewunderung für ihren Mut ..." (Amundsen 1929, S. 126).

Amundsen als Mann der Tat ließ anerkennenden Worten gerne auch Taten folgen. Getreu dem Motto „Kleine Geschenke erhalten die Freundschaft" hatte Amundsen zur Südpolexpedition an die 400 Weihnachtsgeschenke mitgenommen, sie sortiert und für mehrere Weihnachtsfeste eingeteilt.

Bemerkenswert übrigens, dass Anerkennungen und symbolische Aufmerksamkeiten nicht bloßen Einbahnstraßencharakter hatten – auch Amundsen ging nicht leer aus und wurde auf unterschiedliche Weise beschenkt.

Hanssen war der Meinung, dass Amundsen die Ehre gebührte, als Erster am Pol anzukommen. Er bat Amundsen mit dem Vorwand, ihn als Vorläufer für seine Hunde zu brauchen, vorwegzulaufen, was Amundsen auch tat. Als nach genauer Peilung am vermeintlichen Zielpunkt feststand, dass der mathematische Pol noch ein wenig entfernt lag, ließ Amundsen die besondere Ehre des Ersten Bjaaland als Achtung vor dem großen Skiläufer zukommen.

Von den Zigarren des Nichtrauchers Bjaaland am Pol haben Sie bereits gelesen. Lindstrom, der Koch, schlief jede Nacht bis zum Eintreffen der Poleroberer mit mehreren Flaschen Champagner im Schlafsack (damit diese nicht zu starker Kälte ausgesetzt waren), um sie dann nach der Rückkehr der Eroberer mit der Miene des

6. Amundsens Fähigkeit zur Wertschätzung

Zauberers, der Kaninchen aus dem Hut holt, feierlich zum Vorschein zu bringen und knallen zu lassen.

Amundsens Dankbarkeit und Wertschätzung anderen gegenüber waren verbunden mit einem ausgeprägten Verantwortungsgefühl und zudem von langer Dauer. Niemals vergaß er die, die ihm Gutes getan, die zu ihm gestanden haben, die, denen er etwas zu schulden meinte. So fühlte er sich verpflichtet, sich seines alten Kindermädchens Betty, die ihn als kleinen Knirps einmal vor dem Ertrinken gerettet hatte, anzunehmen. Sie wohnte in seinem Haus, bis sie hochbetagt starb.

Transferbaustein Nr. 16

Anerkennung, jenes Lebenselixier menschlichen Miteinanders, scheint heutzutage nur in moderner Führungs- und Motivationsliteratur keine Mangelware zu sein. In beruflichen Realitäten hingegen schon: Bei Mitarbeitern stehen Anerkennung und Wertschätzung durch ihre Führungskräfte in Befragungen regelmäßig ganz hoch im Kurs – und werden genauso regelmäßig auch schmerzlich vermisst.

Mitarbeiter brauchen das Gefühl, wahrgenommen zu werden. Wissen tun wir das alle, die in Führungsverantwortung stehen. Was den Einzelnen daran hindert, dieses Wissen öfter auch in die Tat umzusetzen, wäre eine eigene Studie wert. Vielleicht hat es einfach auch mit dem alten Grundsatz zu tun: „Wie du mir, so ich dir" – oder genauer: „Wie du mir nicht, so ich dir nicht!" Aus einer Vielzahl an Gesprächen mit Führungskräften im Rahmen von Trainings und Coachings wissen wir, dass auch Führungskräfte diesen Mangel an Feedback und Anerkennung durch ihre Mitarbeiter hochgradig vermissen. Kennen Sie den asiatischen Gedanken „Das Lächeln, das du aussendest, kehrt zu dir zurück"? Also: Mut zum ersten Schritt!

Mit „Appreciative Inquiry" kam vor einiger Zeit ein Ansatz nach Deutschland, bei dem es im Kern darum geht, einander im Arbeitsteam Wertschätzung auszudrücken. Ausnahmsweise sollen also nicht die Defizite und Verbesserungspotenziale einer Organisation, eines Prozesses oder eines Teams durchleuchtet werden, sondern die Dinge, die gut klappen und die kleineren und größeren Erfolgsstorys. Stehen dabei oftmals anfänglich noch Skepsis und Zurückhaltung in den Gesichtern der Beteiligten, so füllt in der Regel nach denkbar kurzer Anlaufphase eine ungemein energetisierende Atmosphäre den Raum.

Überlegen Sie:

- Welche Art von Anerkennung und Wertschätzung fällt Ihnen leicht?
- Über welche Formen würden Sie sich als Empfänger richtig freuen?
- Über welche Form der Anerkennung glauben Sie, würden sich Ihre einzelnen Mitarbeiter besonders freuen?
- Was probieren Sie wann bei wem konkret aus?

Die Erfolgskompetenzen zum Amundsen-Prinzip

Sie haben in diesem Kapitel Amundsens hervorstechende Sozialkompetenzen mit verschiedenen Schattierungen kennen gelernt. Wahrscheinlich haben Sie sich auch ein gutes Stück weit mit sich selbst auseinander gesetzt – möglicherweise mithilfe der zahlreichen Transferimpulse. Die einzelnen Kompetenzen Amundsens sind natürlich keineswegs die vollständige Abbildung der möglichen Sozialkompetenzen. Wenn Sie sich weiter mit Ihrem individuellen Kompetenzmosaik befassen wollen, kommen Sie mit sich und mit Menschen, denen Sie vertrauen, ins Gespräch. Lohnende Themen und Fragen für einen solchen Dialog:

- Wie gut kann ich zuhören?
- Wie gut kann ich mich abgrenzen und „Nein" sagen?
- Wie gut kann ich um etwas bitten?
- Wie gut kann ich andere überzeugen?
- Wie klar und präzise kann ich mich ausdrücken?
- Wie gut kann ich zwischen anderen vermitteln?
- Wie gut kann ich andere beruhigen oder trösten?
- Wie gut kann ich Kritik so äußern, dass der andere sie annehmen kann?
- Wie gut kann ich selbst konstruktive Kritik annehmen oder mich gegen unfaire Kritik wehren?
- Wie gut kann ich verzeihen?

Nutzen Sie dazu jeweils die Fragen und Perspektiven:

- Wie sehe und erlebe ich mich?
- Wie sieht und erlebt mich der andere?
- Wie möchte ich gerne sein?
- Was macht es mir schwer, das von mir selbst Gewünschte zu tun?
- Was könnte es mir erleichtern?

"Seine ruhige und gelassene Art, die Dinge anzupacken, schien die Fähigkeit intelligenter Wesen zu symbolisieren, die feindlichen Kräfte der Natur zu überwinden."

(Lincoln Ellsworth über Amundsen, den er auf den Flügen 1925 und 1926 begleitet hatte)

Statt einer Zusammenfassung: Amundsen und das Glück

"Das Glück ist eine Frau. Wenn Sie dein sein soll, mußt du sie ergreifen und entführen. Es nützt nichts, wenn du unter ihrem Fenster Mandoline spielst" (Beach, in: Amundsen 1912, S. 141).

Auf zur damaligen Zeit sicherlich noch passendere Weise als heute verdeutlicht Amundsen hier sein Bild von Glück. Macht er auch bereits auf der Expedition mit der Gjöa die Entdeckung, dass er „ein glückliches Schiff führen" kann, wie Seeleute sagen, so versteht er „Glück zu haben" nicht als etwas Zufälliges, sondern als etwas, das gewöhnlich dem zufällt, der es verdient bzw. es sich erarbeitet.

Statt einer Zusammenfassung: Amundsen und das Glück

Missgünstige Kritiker sehen das anders. Insbesondere nach seiner Südpoleroberung kam es immer wieder zu Abwertungen seiner Leistung. Manche interpretierten seinen Erfolg als Anhäufung von Glück, andere würdigten vorrangig die Leistung seiner Hunde. Eine Rede zu Ehren Amundsens beendete der Ehrenpräsident der Royal Geographical Society, Lord Curzon of Kedleston, mit den Worten: „Ich fordere Sie daher auf, in ein dreimaliges Hurra für die Hunde einzustimmen." Amundsen ärgerte sich sehr lange über diese „... spöttische und herabsetzende Absicht" und die „... allzu durchsichtig verschleierte Beleidigung" (Amundsen 1929, S. 84).

Hatte Amundsen Glück? In Extremsituationen, wie sie während Polarexpeditionen Alltag sind, liegen Erfolg und Misserfolg sicher sehr oft eng beieinander. So mag Amundsen bei manch einer Schneebrücke über Gletscherspalten erleichtert durchgeschnauft haben, als diese erst in dem Moment einstürzte, als der Schlitten gerade in Sicherheit war. Amundsens Erfolg nur seiner zweifelsohne exzellenten und weitsichtigen Planung sowie seiner vorsichtigen und gewissenhaften Durchführung zuzuschreiben wäre also genauso verkehrt, wie ihn als Ergebnis glücklicher Zufälle abzutun. Dem Vorwurf, einfach nur Glück gehabt zu haben, begegnete er pointiert:

„Der Sieg ist jenem beschieden, bei dem alles sorgfältigst bedacht ist – die Menschen nennen es dann Glück" (Amundsen 1929, S. 260).

Statt einer Zusammenfassung: Amundsen und das Glück

Die Besatzungen von N24 und N25 mit der ersten Zigarre nach der spektakulären Rückkehr. Bei aller Tollkühnheit und Willensstärke – ohne eine gehörige Portion Glück hätte es manche Heimkehr nicht gegeben. Von links: Omdal, Riieser-Larsen, Amundson, Dietrichson, Feucht, Ellsworth

In den vorangegangenen Kapiteln haben Sie einen Eindruck gewonnen, mit welcher Zielstrebigkeit, mit welcher Leidenschaft und welcher Weitsicht Amundsen seine Glücksgöttin entführte. Mit der großartigen Kombination und dem Zusammenspiel seiner verschiedenen Sach-, Selbst- und Sozialkompetenzen hatte er Fortuna über weite Phasen seines Lebens fast zwingend in seiner Nähe. Und auch in schwierigen Zeiten, etwa als Amundsen in größter finanzieller Not bereits Konkurs angemeldet hatte und als Bittsteller und Vortragsreisender Geld für eine neue Expedition zusammensuchte (er berechnete, dass er, falls kein besonderer Glückszufall einträfe, in seinem 110. Lebensjahr startklar sein würde), kam urplötzlich jener „Glückszufall": Lincoln Ellsworth

Statt einer Zusammenfassung: Amundsen und das Glück

mit einem 85 000-Dollar-Scheck und dem dringenden Wunsch, Amundsen in dessen Vorhaben zu unterstützen.

Glück zu haben ist eine Sache – glücklich zu sein steht allerdings oftmals auf einem ganz anderen Blatt. War Amundsen glücklich? Schwer zu sagen. Nach eigenen Angaben hat er sich am glücklichsten gefühlt, als er mit seinen Kameraden in einem kleinen Zelt auf dem Weg zum Pol war. Am Pol selbst schrieb Amundsen:

„So sind wir nun also angekommen und können unsere Fahne am geographischen Südpol aufstellen. Gott sei dafür gedankt", und später: *„Ich kann nicht sagen, daß ich am Ziel meines Lebens stand. Ich weiß zwar, das wäre viel wirkungsvoller, aber es wäre die Unwahrheit"* (nach: Huntford 2000, S. 419f.).

Amundsen war wohl in den Zeiten seiner Erfolge ein befriedigter, vielleicht sogar glücklicher Mensch. In den Phasen seiner Niederlagen und Misserfolge ging ihm das Gefühl, glücklich zu sein, nach allem, was wir wissen, verloren.

Dass er in diesen Schattenzeiten vermutlich Menschen vermisste, die direkt an seiner Seite standen und ihm Stütze gewesen wären, können wir nur vermuten. War es so, dann ist es nach heutigen Maßstäben so bedauerlich wie zwangsläufig. Neben seinen großen Zielen maß er seinem privaten Lebensbereich wenig Bedeutung bei.

Dieser bewusste Entschluss hat ihm seine Arbeit, als er große Ziele verfolgte, gewiss erleichtert und ihm in dieser Zeit geholfen, glücklich sein zu können.

Transferbaustein Nr. 17

Was macht Sie glücklich?

- Ist es das Erreichen von Zielen?
- Welche Art von Zielen können Sie glücklich machen – und welche vermögen Sie lediglich zu befriedigen?
- Ist das, was Sie glücklich macht doch eher, wie Amundsen es eingesteht, der Weg der leidenschaftlichen Zielverfolgung und nicht das Erreichen des Ziels als solches?
- Welchen Lebensbereichen messen Sie in welchen Phasen Ihres Lebens welche Bedeutung bei?
- Wie gut gelingt es Ihnen, die Bereiche ihrer Bedeutung entsprechend miteinander zu balancieren?

„Ein zurückhaltender und sehr empfindsamer Mensch. Obwohl er tapfer, wagemutig und voll Selbstvertrauen war, fürchtete er Kritik. Ich glaube, er war der erfolgreichste und zugleich unglücklichste aller Polarforscher, denen ich begegnet bin."

(Hugh Robert Mill über Amundsen;
nach: Huntford 2000, S. 163)

Schattenzeiten/Schattenseiten

·· 5 ··

„Nach dreißig Jahren voll Arbeit und Erfolgen ... erlebte ich, nur weil ich einem Geschäftsmann mein, wenn auch falsch angebrachtes Vertrauen geschenkt hatte, diesen unerträglichen Schimpf, meinen Namen so durch den Kot des gemeinsten Skandals und der niedrigsten Verdächtigungen geschleift zu sehen" (Amundsen 1929, S. 127).

„Wo viel Licht ist, ist auch Schatten", sagt der Volksmund. Diese Weisheit galt auch für Roald Amundsen und sein Leben. Er war wie jeder andere ein Mensch mit Stärken und Schwächen, mit Erfolgen und auch mit Misserfolgen.

In diesem Kapitel geht es nun keinesfalls darum, an den Stärken Amundsens zu kratzen und seine zahlreichen beschriebenen großartigen Erfolge, Fähigkeiten und Eigenschaften infrage zu stellen.

Eine Schilderung von menschlicher Fehlerlosigkeit und ununterbrochenen Erfolgssträhnen sollte jedoch – außerhalb von Sciencefiction-Erzählungen – unser Misstrauen in Alarmbereitschaft versetzen.

Die Betrachtung von Amundsens Schattenzeiten und Schattenseiten kann daher seine Glaubwürdigkeit nur erhöhen und uns verdeutlichen: Setzen wir auf unsere Stärken, können wir trotz Schwächen sehr erfolgreich sein und auch schwierige Phasen überstehen!

Welche Bewölkungen verschleiern das sonst so strahlende Licht Amundsens? Was waren die Schattenzeiten seines Lebens und welche Schattenseiten gehörten zu ihm?

1. Amundsens Schattenzeiten

Amundsens Hauptstärke, seine Zielorientiertheit, wurde ihm gleichsam zur Achillesferse und läutete – die größten Stärken werden leicht zur Schwäche – das Ende seiner ganz großen Zeit ein.

Die Eroberung des Südpols war ein Kunstwerk, ein Meisterstück. Amundsen konnte kaum auf eine Wiederholung oder gar Steigerung hoffen.

Entdecker zu sein war Amundsens Selbstverständnis und zugleich sein Antrieb. Mit dem Südpol hatte er den letzten bedeutenden weißen Fleck auf den Landkarten seiner Zeit getilgt. Es blieb also kein weiteres, schon gar kein größeres Ziel, dem als Entdecker entgegenzustreben sich für ihn hätte lohnen können.

Nach der Rückkehr aus der Antarktis warteten einige Tiefschläge auf den erfolgsverwöhnten Amundsen:

Das schwierige Verhältnis zu Hjalmar Johansen entspannte sich auch nach der erfolgreichen Poleroberung nicht. Unversöhnt trennten sich ihre Wege bereits in Hobart, dem ersten Stopp auf ihrer Rückreise von der Antarktis. Johansen fuhr als geschlagener

1. Amundsens Schattenzeiten

Mann zurück nach Norwegen und nahm sich wenige Monate später das Leben.

Amundsens große Schwierigkeit im Umgang mit Kritik ging hier eine ungute Verbindung mit seiner Unerbittlichkeit ein. Johansens Tod wurde ihm zur unabstreifbaren Last.

Auch der Tod von Robert Falcon Scott warf dunkle Schatten: Der Engländer wurde zum Heroen stilisiert und Amundsens Leistung heruntergespielt.

Die Frau, die noch vor der Antarktisexpedition sein Herz erobert hatte, die verheiratete Sigrid Castberg, hatte sich in der Zwischenzeit nicht wie erhofft scheiden lassen, um für Amundsen frei zu sein.

Nach wie vor plagten ihn Geldsorgen. Monatelang steckte er in der Vortragsmühle und versuchte, seine Leistungen zu Bargeld zu machen. Wobei es ihn wohl deprimieren musste, immer wieder in der Asche vergangener Triumphe zu harken. Viele Mosaiksteine des Misserfolgs, die für Amundsen zum tief gehenden Problem wurden.

Die als Nordpolfahrt angekündigte Südpoleroberung blieb trotz ihres Erfolgs unvollendet. „Über den Südpol zum Nordpol" lautete das korrigierte Ziel der Expedition – also stand die eigentliche Nordpolfahrt ab 1912 noch aus. Doch der Nordpol galt seit Jahren als erobert. Als Ziel hatte er damit für Amundsen den entscheidenden Reiz, die notwendige Portion an Faszination verloren. Zudem strebte die Leidenschaft seines Herzens in eine andere Richtung – in Christine Elisabeth Bennet, eine in England verheiratete Norwegerin, in die er sich vor kurzem verliebt hatte.

Amundsen folgte dem vermeintlichen Druck einer ehemals getroffenen Ankündigung und dem Gefühl der Pflicht, als er beschloss, endlich zur großen Treibfahrt durch die Bering-See aufzubrechen.

Doch er zögerte, änderte seinen Plan und wählte als neuen Kurs die Nordostpassage. Er maß Nansens Erfahrungen und Empfehlungen plötzlich keinen großen Wert mehr bei und veränderte seinen eigenen sieben Jahre alten und in der Stille langer Seefahrten gereiften Plan. Ein sonderbarer Wechsel der Anschauungen eine Mannes, der es ganz jung verstanden hatte, aus den Ursachen von Fehlschlägen anderer zu lernen.

Nichts und niemand drängte den Forscher. Er rechnete mit einer Treibfahrt von fünf Jahren und sträubte sich, den Atlantischen Ozean zu durchqueren und von Panama bis Bering hinaufzufahren – aus Furcht „einige Tage zu verlieren". Auf der Strecke, die er dann gewählt hat, ist er vom Packeis fast ein Jahr lang an derselben Stelle festgehalten worden.

Edouard Peisson erklärt Amundsens Schwanken in dieser Zeit: „Die Erfolge, die seinen Ehrgeiz nicht im entferntesten getötet haben, verstärken ihn nur noch. Als der junge Roald an der Ruderpinne der Gjöa Oslo verließ, rechnete er mit der Möglichkeit eines Fehlschlages seines Unternehmens. Nachdem er die Nord-West-Passage entdeckt und den Südpol erreicht hat, kann Amundsen, der Mann von vierzig Jahren, sich nicht vorstellen, künftighin keinen Erfolg zu haben. Dies genügt, um ihn wegen der zu treffenden Maßnahmen unschlüssig zu machen" (Peisson 1953, S. 308).

Die Fahrt mit der Maud bescherte Amundsen wenig Erfolge. Auch wenn er mit gemeisterten Nordwest- und Nordostpassagen der erste Mensch war, der das Nordpolarmeer vollständig umfahren hatte, galt diese lange Fahrt als der erste Fehlschlag in seiner bis dahin über 20-jährigen Polarforscher-Karriere. Die Expedition verlief nicht nur langsamer, sondern auch anders als geplant. Amundsen selbst brach sich einen Arm, wurde kurz darauf von einem Eisbären angefallen und erlitt bei der Arbeit in einem unbelüfteten, von einer defekten Paraffinlampe beleuchteten Labor eine Kohlenmonoxydvergiftung, von der er sich lange nicht erholte.

Ruiniert, in Misskredit gebracht, aber keineswegs entmutigt, sagte er sich, dass er seine Laufbahn als Forscher nicht durch eine

1. Amundsens Schattenzeiten

Reihe von Fehlschlägen aufhalten oder beenden dürfe. Er befreite sich aus den Fesseln seines Pflichtbewusstseins und übertug das Kommando über die Maud seinem langjährigen Gefährten Oscar Wisting, um selbst seine Pläne, den Nordpol aus der Luft zu erreichen, wieder aufzunehmen.

In Finanzierungsfragen für diese Vorhaben saß er 1923/24 windigen Versprechen auf, die ihn zwangen Konkurs anzumelden: Ein in Seattle lebender Schiffsmakler, ein gebürtiger Däne namens Haakon H. Hammer, hatte Amundsen in äußerste Bedrängnis gebracht, indem er in dessen Namen, jedoch ohne dessen Kenntnis oder Vollmacht, Verbindlichkeiten in ungeheurem Umfang eingegangen war.

Das Angebot seines Freundes, dem Arktis-Flieger Byrd, in Amerika das erforderliche Geld zu beschaffen, um den Konkurs aufzuheben, lehnte Amundsen dankend ab – sein Stolz war zu groß.

In der ersten Hälfte des Jahres 1924 hatte er den tiefsten Punkt seiner Karriere erreicht. Die Presse war bereitwillig mit schärfster Kritik zur Stelle und unterstellte ihm im Kontext eines misslungenen Flugversuchs in Wainwright durch Angst gespeisten Vorsatz.

Zu guter Letzt zerstritt sich Amundsen wegen Schulden auch noch mit seinem Bruder Leon, der ihm bis dahin über 20 Jahre lang die Bücher geführt hatte.

Mit 53 Jahren wurde er wieder der bescheidene Bittsteller. Er klopfte mit Erfolg an die Türe des norwegischen Aeroklubs. Nachdem er seinen Plan neu geschmiedet hatte, traf er in den USA seinen Retter in finanzieller Not. Er konnte nun die beiden Expeditionen unternehmen, die ihm seinen Ruhm zurückgeben sollten.

Die Gründlichkeit der Vorbereitungen seines Flugs mit Ellsworth (N24 + N25) und seine Energie und Einsatzbereitschaft enthüllen die wirkliche Größe und Stärke Amundsens. Peisson beschreibt die „... Wendung des Geschicks ... zugunsten eines Mannes, der diese Wendung verdient, der sie erwartete, der sie heraufbeschworen hat und für sie bereit war, der sich das Versprechen gegeben hat: ‚Ich habe mich getäuscht, ich werde mich nicht mehr täuschen'" (Peisson 1953, S. 308).

Nachdem Amundsen im Jahr darauf seinen stürmisch gefeierten Erfolg des ersten transarktischen Flugs mit dem Luftschiff Norge hinter sich gebracht hatte, war sein Ehrgeiz mehr oder weniger gestillt und er nahm Abschied von der Polarforschung. Danach lasteten Einsamkeit und Desillusion auf ihm und er war kein glücklicher Mann mehr. Zudem war er noch immer verschuldet und wurde von seinen Gläubigern verfolgt. Er stritt sich öffentlich mit Umberto Nobile, dem er zu Recht vorwarf, seine Leistungen als Kapitän beim Flug der Norge schamlos übertrieben zu haben.

Nach der Rückkehr vom Flug mit der „Norge". Erst folgte der Triumphzug durch die Straßen von Oslo ...

1. Amundsens Schattenzeiten

... und bald danach lebte Amundsen zurückgezogen und verbittert in seinem Haus in Svartskog bei Oslo.

Er wurde zunehmend verbittert und zürnte den Engländern, dass sie seine Verdienste ignorierten. In seiner Biographie ist zu lesen, dass sie „... es als ihre Pflicht erachten, den Erfolg eines Entdeckers zu schmälern, nur weil er nicht ihrer Nation angehört ... Im Jahr nach meiner Südpol-Expedition kam der Sohn eines in London lebenden bekannten Norwegers abends empört nach Hause und beklagte sich bei seinem Vater, daß man ihn in der Schule lehre, Scott sei der Entdecker des Südpols. Bei näherer Untersuchung ergab sich, daß der Junge Recht hatte und daß es auch in den anderen englischen Schulen üblich war, die Expedition der Norweger zu ignorieren" (Amundsen 1929, S. 83).

Auch körperlich ging es Amundsen nicht gut. Er suchte einen Herzspezialisten auf. Wegen anderer, nicht genau bekannter Beschwerden konsultierte er einen Arzt in Los Angeles, der Radium verwendete und „das ganze Zeug vernichtete", wie Amundsen seiner Schwägerin in einem Brief nüchtern mitteilte. – Ein versteckter Hinweis auf eine Krebserkrankung? Ellsworth schreibt von Verfolgungsängsten Amundsens. Amundsen gestand öffentlich ein, dass Scotts Tod ihn nicht losließe. Auch fühlte er sich mitverantwortlich dafür, dass Nobile mit einer eigenen Expedition wieder in die Arktis flog – nach ihrem Streit suchte Nobile sich mit dem Flug zu rechtfertigen.

Kurz vor seinem Rettungsversuch für Nobile bekam Amundsen Besuch von Sverre Hassel, seinem Mitstreiter aus Südpolzeiten. Während des Gesprächs fiel Hassel plötzlich um und war tot.

Im Juni 1928 startete Amundsen überstürzt seine Rettungsaktion für Nobile und die Besatzung der Italia. Die aus Frankreich zur Verfügung gestellte Latham-Maschine wurde bei ihrer Ankunft in Bergen von Amundsens Vertrautem Dietrichson, der ihn auf den beiden Flugexpeditionen begleitet hatte, durchgesehen. Er fand sie wenig zweckmäßig und verständigte Amundsen darüber. In England stand dieser Maschinentyp auf der schwarzen Liste für nicht empfehlenswerte Flugzeuge. Dennoch einigte man sich, zu fliegen. Zu Verbesserungen der Maschine blieb, Amundsens sonst üblicher Genauigkeit und Vorsicht zum Trotz, keine Zeit mehr.

Ein italienischer Journalist schrieb einen Satz auf, den Amundsen wenige Stunden vor seinem allerletzten Start ihm gegenüber geäußert hat:

„In der Tat, ein Flug über das Eis birgt immer ein Risiko. Doch wenn Sie wüßten, wie herrlich es in der Nähe der Pole ist ... Ja, genau dort würde ich gerne sterben. Ich hoffe, der Tod kommt zu mir wie zu einem Ritter, wenn ich auf großer Fahrt bin, schnell und ohne daß ich leiden muß" (nach: Marc/Novák 1992, S. 108).

An der Spekulation, ob Amundsen mit seinem schlecht vorbereiteten Hilfsflug für Nobile abermals konsequent ein eigenes Ziel verfolgte, beteiligen wir uns nicht.

2. Die Schattenseiten des Roald Amundsen

In der Auseinandersetzung mit Amundsen und insbesondere im Beleuchten seiner Schattenjahre begegnen uns vier wesentliche Schwächen:

- Seine geringe Kritikfähigkeit
- Seine überstarke Zielorientierung
- Sein unreflektiertes Pflichtbewusstsein
- Sein ungeschicktes Verhältnis zu Geld

Amundsens geringe Kritikfähigkeit

Amundsens gestörtes Verhältnis zu Hjalmar Johansen wurde mitsamt der Folgen bereits zur Genüge erwähnt.

Die Fähigkeit, in Kritik den Samen der eigenen Weiterentwicklung und in Blickwinkeln anderer die Chance zur Erweiterung eigener Horizonte zu sehen, muss heute als echte Top-Kompetenz eingeordnet werden.

Erst wenn es der Führungskraft oder dem Projektmanager gelingt, diese Kompetenz in seinem täglichen Tun mit Leben zu füllen, macht Team- und Projektarbeit überhaupt richtig Sinn. Einen anderen Weg, als Führungskraft die Ressourcen der Mitarbeiter zu nutzen, gibt es nicht!

Amundsens überstarke Zielorientierung

Was bleibt einem ehrgeizigen Geist, wenn Ziele nicht überboten werden können? Was, wenn alle Ziele erreicht sind?

Die Antwort kann nur sein, sich im Abgleich mit den eigenen Fähigkeiten und Möglichkeiten neue Ziele und Herausforderungen zu suchen. Dieses neue Ziel darf jedoch nicht an den Maßstäben vergangener Ziele und Erfolge gemessen werden. Erst wenn Sie es schaffen, mit neuen Kriterien nach neuen Zielen und Herausforderungen zu suchen, kann ein solches Ziel auch Pause oder Ruhestand im Sinne von Nicht-Tun sein. Kennen Sie das Phänomen, dass Ruhestand, der nicht als gewolltes Ziel geplant und verfolgt wird, oftmals in Unzufriedenheit und Katastrophen mündet?

Amundsens übermächtige Zielorientierung dominierte zudem seine Ausrichtung auf soziale Kontakte, auf Freunde oder Familie. Ob er dies selbst als Defizit erlebt hat, wissen wir nicht. Seine beeindruckenden Erfolge verdankte er in hohem Maß seiner Fähigkeit, sich Ziele zu setzen und diese mit Weitsicht und Leidenschaft zu verfolgen. Durch die Brille unserer heutigen Maßstäbe zahlte er in Form seiner Einsamkeit allerdings auch einen hohen Preis dafür.

Amundsens unreflektiertes Pflichtbewusstsein

„Leon, diesmal hat mich nicht die Leidenschaft ins Eis gebracht, sondern das Gefühl der Pflicht" (aus dem Film „Abenteuer im Eis. Leben und Sterben des Roald Amundsen") – so schrieb Amundsen von Bord der Maud während der Fahrt durch die Nordostpassage an seinen Bruder.

Der Einfluss seines Pflichtgefühls war immens: Amundsen ließ sich zeitweise Ziele aufbürden, die er für Ziele der Öffentlichkeit hielt, und stellte seine eigenen Ziele hintenan. Dass er für Ziele, die nicht mehr seine eigenen waren, nicht die für ihn sonst so bezeichnende Energie und Leidenschaft aufbringen konnte, kann nicht verwundern. Es verdeutlicht nur die Kraft, die hinter der Identifikation mit eigenen Zielen steckt.

Amundsens ungeschicktes Verhältnis zu Geld

Amundsen stellte fest: „Man wird im Grunde nicht reich dadurch, daß man Geld besitzt" (nach: Arnesen 1931, S. 201). Er war Idealist

2. Die Schattenseiten des Roald Amundsen

und fand, Geld habe an sich keinen Wert. Es war für ihn nur ein Mittel, seiner Berufung zu folgen. So befand er sich nahezu unentwegt in Geldsorgen.

Amundsen war in vielerlei Hinsicht ein echter Profi. Sicherlich jedoch nicht in der Eigenwerbung. Als Mann der Tat hegte er die fast naiv anmutende Überzeugung, seine Leistungen würden für sich sprechen. Aus diesem Verständnis heraus verzichtete er auf seinen Expeditionen – anders als etwa Scott oder Shackleton – auf professionelle Fotografen, die ihm brauchbares Material für Vorträge oder Bücher hätten liefern können. Scott vermochte es, seine Berichte, die er bei seiner Rückkehr schreiben wollte, bereits im Vorhinein zu verkaufen und kassierte sogar die Honorare für seine künftigen Vorträge noch vor dem Start seiner Südpolexpedition. Auch für Amundsen waren ausgedehnte Vortragsreisen wichtige Finanzierungsquellen, auf denen er sich allerdings nach eigenen Worten oft „als Teil einer Vortragsmaschine" fühlte.

Wie ähnlich doch die Zeiten sind: Auch heute kann die Bedeutung von gesicherten Finanzierungen und Liquidität für Unternehmungen und Unternehmen nicht hoch genug eingeschätzt werden.

Schattenzeiten/Schattenseiten

Amundsen bei einem Vortrag in Tokio. Bühnenreden waren nicht sein bevorzugtes Metier – sie gehörten jedoch zu seinen Finanzierungsanstrengungen. Auf seinen langen Vortragsreisen fühlte er sich oft „als Teil einer Vortragsmaschine".

Transferbaustein Nr. 18

Um auch aus Amundsens Schattenseiten zu lernen ...

Fragen Sie sich:

Thema „Kritikfähigkeit"

- Wie offen begegnen Sie Kritik in Ihrem Umfeld?
- Vermögen Sie das wertvolle Geschenk, den Optimierungsimpuls einer Kritik, zu sehen?
- Schaffen Sie es, Kritik an Ihrem Arbeitsverhalten nicht als grundsätzliche Ablehnung Ihrer Person einzuordnen?
- Können Sie sich bei einem Zuviel an Kritik auch schützen?

Thema „Überstarke Stärken"

- Welche Ihrer Stärken ist Ihnen schon mal zur Schwäche geworden?
- Was könnten bei veränderter Intensität die Stärken in Ihren Schwächen sein?
- Was könnten Stärken in den Schwächen Ihrer Mitarbeiter sein?
- Was könnten Sie tun oder lassen, um die in bisherigen Schwächen gefangenen Stärken zu befreien?

Thema „Pflichtbewusstsein"

- Wann haben Sie sich zuletzt vor einen fremden Karren spannen lassen?
- Wo laufen Sie vielleicht zur Zeit aus Pflichtgefühl einem Ziel hinterher, das nicht ihr eigenes ist?
- Wer vermag es immer wieder, Ihnen Pflichten aufzubürden, ohne dass sie das sofort bemerken?

- Was brauchen Sie, um sich gegen ungewollte Pflichten wehren zu können?
- Wem packen Sie vielleicht ungewollte Pflichten auf die Schultern – und wie könnten Alternativen aussehen?

Thema „Geld"
- Welche Bedeutung, welchen Stellenwert hat Geld für Sie?
- Haben Sie den Eindruck, auch zu wenig Selbstmarketing zu betreiben?
- Können Sie bei Bedarf Hilfe von Freunden annehmen?
- Stichwort „Liquidität": Sprechen Sie mit Ihrem Steuer- oder Finanzberater!

Mit Blick auf Ihre Historie:
- Welche Schattenzeiten haben Sie schon hinter sich gebracht?
- Worin lag Ihr Anteil, was haben Sie dazu beigetragen, dass es zu dieser schweren Zeit gekommen ist?
- Was könnten Sie in vergleichbaren Phasen prophylaktisch tun oder lassen, um die Krise zu vermeiden, zu verkürzen oder abzuschwächen?
- Welche Stärken waren es, die Ihnen dabei geholfen haben, die schwierigen Phasen zu meistern?
- Was oder wer hätte Ihnen zusätzlich dabei helfen können?
- Welche ersten Anzeichen einer kommenden Krise können Sie zur Zeit ausmachen? Und mit Nebelscheinwerfer oder Nachtsichtgerät?

„*Es ist, als liefen wir in die Unendlichkeit, in die Ewigkeit.*"

(Amundsen, auf dem Weg zum Südpol)

Schlusswort: Führen wie Amundsen?

Roald Amundsen ist in der Ewigkeit angekommen – wofür brauchen wir ihn heute noch, 75 Jahre nach seinem Verschwinden? Wir brauchen ihn, weil wir genauso Orientierung brauchen wie der 16-jährige Roald, der dem heimkehrenden Fridtjof Nansen zujubelte. Weil es gut tut, zu erfahren, dass es Wege gibt, unsere Extremsituationen des Alltags erfolgreich zu managen.

Zu Beginn haben wir die Frage gestellt, ob Roald Amundsen zum Vorbild taugt – und wir haben diese Frage gleich vorweg mit einem klaren „Ja" beantwortet. Nachdem Sie sich nun mit ihm vertraut gemacht haben, bleibt hoffentlich eine Skepsis zurück. Wir bezeichnen dieses Gefühl als „Emanzipation vom Vorbild" – an die Stelle des Nacheiferns, des Kopierens tritt ein persönlicher Lernprozess. Was können Sie persönlich von Roald Amundsen lernen? Seine Zielorientierung, sein Durchhaltevermögen, seine Planungskompetenz, seine Art der Menschenführung? Konse-

Schlusswort: Führen wie Amundsen?

quenz, Prioritäten, Leichtigkeit? Jeder von Ihnen wird eine andere Botschaft mitnehmen.

Hat uns Amundsen so angerührt, wie er selbst von der Franklin-Expedition angerührt worden ist? Von der Mischung aus Mut und Tragik, aus Leistung und Niederlage? Auf jeden Fall ist er da – Amundsen begleitet uns Autoren seit Jahren, seit wir uns auf die Suche gemacht haben, glaubwürdige Vorbilder zu identifizieren für unsere Seminarteilnehmer – für angehende und für erfahrene Führungskräfte, für Klienten unserer Coachings, für befreundete Führungskräfte und Manager und für unsere Geschäftspartner.

Negativbeispiele waren immer schnell bei der Hand – Kapitän Smith, der Kapitän der Titanic oder Robert Falcon Scott. Auch Shackleton war dabei und Franklin, Wirtschaftsbosse und Generäle, Politiker und Könige. Positivbeispiele sind deutlich rarer – immer wieder war es dieser kantige Norweger mit der Adlernase, der uns in seinen Bann gezogen hat, weil wir fündig wurden in gelebter Führungspraxis.

Ist es Führungskunst, heterogene Gruppen trotz allen Beharrungsvermögens in eine Richtung zu führen? Oder Pessimisten und Gewohnheitszyniker doch noch „rumzukriegen" und sie zu Erfolgen zu motivieren. Gilt heute derjenige als Vorbild, der mit knappsten Ressourcen im chaotischen Umfeld mit Unzufriedenen und Verzweifelten, selbst im Zustand tiefster Erschöpfung, dennoch Erfolge erzielt? Oder könnte es richtig sein, solche Zustände erst gar nicht eintreten zu lassen?

Erst wird die Krise verursacht (durch mangelhafte Planung und Führung) und dann kann man in der Bewältigung der Krise oder im heroischen Untergang glänzen.

Man warf Amundsen vor, nicht charismatisch zu sein – aber wohin führt eine Überdosis Charisma? Was wird aus bedingungslos folgenden Mitarbeitern, die das Mitdenken einstellen und der Führungskraft so ein Übermaß an Verantwortung zuschieben? Sie können sich aus der Verstrickung nicht mehr lösen, das Vertrauen

Schlusswort: Führen wie Amundsen?

(die Anpassung?) und der Verantwortungsdruck steigern sich ständig und die Fähigkeit eines Einzelnen, Komplexität zu bewältigen, ist irgendwann erschöpft. Wenn Flexibilität und Improvisation als Deckmantel für planerische Unfähigkeit zum Ideal erhoben und große Gefühle bis in den Untergang hinein inszeniert werden, dann verschließt sich der Blick vor der wahren Leistung, im Erfolg nicht Schaden an Physis und Psyche zu nehmen.

Auch Amundsens Gegner erkannten an, dass er realistisch, zielstrebig, objektiv, sorgfältig und technisch brillant war – alles Eigenschaften, die heute mehr gelten als vor 100 Jahren, zu einer Zeit, als Opfermut, Entschlossenheit und Ehre höher im Kurs standen. Was ist in den vergangen Jahren passiert, dass es zu dieser Verschiebung der Werte gekommen ist? Sicher hat man auf dem harten Weg gelernt, dass all die Phrasen von Heldentum und Ehre, die Amundsen durch sein Handeln als Kompetenzersatz entlarvt hat, nicht nur missbraucht werden konnten, um eine kleine Schar armer Menschen in einen eisigen Tod oder in unmenschliche Entbehrungen zu führen. Amundsen stellte an die Stelle von eben diesen hehren Ansprüchen einfache Managementkompetenz, war damit erfolgreich und musste zwangsläufig Anstoß erregen.

Wer ein „Warum" hat, erträgt fast jedes „Wie" – wenn aber, wie bei Amundsen, nicht nur das Warum stimmt, sondern auch das Wie, dann entsteht die Form von Leichtigkeit, die nur ganz wenige Führungskräfte und Projektmanager richtig einordnen können und nicht versehentlich mit dem Glück verwechseln. Und noch weniger haben sie tatsächlich selbst erlebt. Werden Sie dazu gehören?

Schlusswort: Führen wie Amundsen?

„Ich habe noch nie so gute Tage gehabt.
Unser Ziel war der Pol.
Alles andere war Nebensache."

(Amundsen 1912, Bd. 2, S. 217)

(Original-Unterschrift von Roald Amundsen)

I Faszination Antarktis

Die Entdeckung von Antarktis und Südpol

„Wenn die Erde eine Kugelgestalt hat, dann müsste der Landmasse der nördlichen Halbkugel ein ähnliches Gegengewicht im Süden gegenüberliegen. – Dem Arktos, dem Sternbild des Bären, muss ein Antiarktos entsprechen" – die Griechen waren es, die die Antarktis „erfunden" haben. Alles in der Welt, lehrte Aristoteles im 4. Jahrhundert v. Chr., sei nach einem Gesetz der Symmetrie angeordnet und habe anderswo seine Entsprechung. Einzelne Geographen von den Pythagoräern bis Ptolemaeus glaubten an die Existenz eines Südkontinents und lieferten so den Ausgangspunkt der langen Suche nach der „Terra australis incognita", dem unbekannten Südland, wie es der Alexandriner Claudius Ptolemaeus im 2. Jahrhundert n. Chr. nannte. Er war überzeugt, dass es auf der Südhalbkugel eine große Landbrücke geben müsse, die Südafrika mit China verbindet.

Der römische Gelehrte Plinius der Ältere berichtete, die erste Reise in die Arktis auf der Suche nach dem sagenhaften Thule sei um das Jahr 330 v. Chr. von dem griechischen Astronomen und Mathematiker Pitea unternommen worden.

Von der Fiktion der Antarktis bis zu ihrer Entdeckung verstrichen jedoch noch einige Jahrhunderte. Auch wenn die Kartographiegeschichte der „Terra australis" um 900 n. Chr. begonnen hat, näherte sich die Entdeckungsgeschichte dem großen Mysterium erst später und nur mit vergleichsweise kleinen Schritten:

Faszination Antarktis

*Karte aus dem 16. Jahrhundert. Noch im 18. Jahrhundert existierte „Terra australis"
als pure Vorstellung in den Köpfen und auf den Landkarten der Zeit.*

- Um 1470 fand im Auftrag von Heinrich, Prinz von Portugal, die erste Kreuzung des Äquators statt.

- 1520 fand der Portugiese Magellan (Fernáo de Magalháes) mit fünf Schiffen die südliche Ostwestpassage. In 38 Tagen hatte er die 250 Seemeilen lange Verbindung zwischen dem Atlantik und dem Pazifik bezwungen.

- Fast 70 Jahre später, genau 1578, bewies der englische Seefahrer Francis Drake, dass Feuerland eine Inselgruppe ist und nicht Teil eines antarktischen Kontinents.

Die Entdeckung von Antarktis und Südpol

- Die mächtige Vereinigte Ostindische Companie (VOC) der Niederlande verbot Nichtmitgliedern bei Strafe, ostwärts über das Kap der Guten Hoffnung (Südafrika) und westlich durch die Magellanstraße zu segeln. So fand im Jahr 1615 der holländische Kapitän Issac Le Maire als Nicht-VOC-Mitglied aus der Not heraus die Passage um Kap Hoorn, die Südspitze Südamerikas.

- James Cook überfuhr auf seinen Entdeckungsreisen im Januar 1773 erstmalig den südlichen Polarkreis und kam im Januar des darauf folgenden Jahres bis auf 71° 10' südlicher Breite. Unterwegs im Auftrag der Royal Geographical Society war er als Erster bis zum Packeisrand der Antarktis gekommen.

- Mit Cooks Fahrten und der ersten Sichtung von antarktischem Land im Januar 1820 durch Fabian Gottlieb von Bellinghausen sowie, unabhängig davon, durch den Briten Edward Bransfield endete die Suche nach dem Südkontinent und machte der Erforschung des südlichen Polargebiets Platz.

- 1841 entdeckte der englische Offizier James Clark Ross, der 1831 als Erster den magnetischen Nordpol erreicht hatte, die große Eisbarriere und kam in 1842 bis auf 78 ° 10' südlicher Breite – für mehr als fünf Jahrzehnte der südlichste Punkt. Seine Entdeckungen blieben bis zum Ende des Jahrhunderts die letzten (Ross' Schiffe „Terror" und „Erebus" liefen beide 1845 in England unter dem Kommando von Kapitän Sir John Franklin mit dem Auftrag aus, die Nordwestpassage zu erkunden).

- Ob südamerikanische Indianer die ersten Menschen auf dem antarktischen Festland gewesen sind, ist umstritten. Pfeilspitzen, die später auf der antarktischen Halbinsel gefunden wurden, lassen darauf schließen.

Faszination Antarktis

- Der norwegische Naturforscher Carsten Egeberg Borchgrevink gilt als erster Mensch, der, 1895, den antarktischen Kontinent betrat – und, 1899/1900, als Erster auf dem Festland überwinterte.

- An der ersten antarktischen Überwinterung im Packeis 1898/99 war auch Roald Amundsen als Steuermann unter dem Kommando des Belgiers Adrien de Gerlache beteiligt.

Der Pol, unabhängig ob im Norden oder Süden, war schon immer ein Symbol für das Äußerste, Elementarste. Mit dem Bild der Erde als Kugel vor Augen, fasziniert die Menschen der Punkt, um den sich alles, zumindest aber die Erde, dreht:

- Am 31. Dezember 1902 stoppte der englische Marineoffizier Robert Falcon Scott seinen Vorstoß zum Pol auf 82° 17' Süd (ca. 850 Kilometer vom Ziel entfernt). Er gab seinen beiden Mitstreitern Ernest Henry Shackleton und Edward Adrian Wilson aufgrund von Hunger sowie der schweren Skorbuterkrankung Shackletons den Befehl, zum Schiff zurückzukehren.

- 1907 führte Shackleton eine Expedition, auf der er im Januar 1909 mit drei Begleitern bis auf ca. 180 Kilometer an den Südpol herankam.

- Am 15. Dezember 1911 hissten Amundsen und seine vier Mitstreiter als Erste die norwegische Fahne am geographischen Südpol.

- Am 17. Januar 1912 erreichten Scott und seine vier Kameraden ebenfalls den Südpol. Ihre Ausgangsbasis sollten sie jedoch nicht mehr erreichen. Sie starben auf dem Rückweg, die letzten drei von ihnen elf Meilen vor ihrem rettenden Depot.

- Am 29. November 1929 wurde der Südpol vom Amerikaner Richard Evelyn Byrd zum ersten Mal überflogen.

- Im November 1935 überquerte Lincoln Ellsworth die Antarktis mit dem Flugzeug.

- 4. Januar 1958 – die nächste Expedition, die nach Amundsen und Scott den Südpol auf dem Landweg erreicht hat, wurde vom Neuseeländer Sir Edmund Hillary angeführt, der fünf Jahre zuvor als Erster den Mount Everest bezwungen hatte. Hillary benutzte zu Raupenfahrzeugen umgebaute Traktoren.

- 1980/81 durchquerten die Engländer Fiennes, Burton und Shepard die Antarktis mit Motorschlitten und ließen sich dabei aus der Luft versorgen.

- 1989/90 durchquerte ein sechsköpfiges internationales Team um Steger und Etienne den Kontinent an seiner breitesten Stelle (6400 Kilometer) mit Hundeschlitten und Flugzeugunterstützung.

- 1989/90 durchquerten die beiden Extremabenteurer Reinhold Messner und Arved Fuchs die Antarktis. Nur mit Skiern und Segeldrachen erreichten sie Spitzenleistungen von mehr als 100 Kilometer Laufstrecke pro Tag.

Die Antarktis – geographisch betrachtet

Die Antarktis, die sich die Menschen viele Jahrhunderte hindurch als Eldorado ausgemalt hatten, ist mit etwa 13,2 Millionen Quadreatkilometern (ohne Schelfeis) größer als Europa bis zum Ural. Rechnet man den 600 bis 1000 Kilometer breiten Packeisgürtel hinzu, verdoppelt sich die Fläche. Die südpolare Eismasse ist dann größer als Afrika. Das den Kontinent umgebende Schelfeis, riesige schwimmende Eisblöcke, bietet mit der Rossbarriere eine zusammenhängende Platte mit der ungefähren Größe Frankreichs. Antarctica ist der Kontinent der Superlative:

- Am kältesten Platz der Erde, der russischen Wostok-Station, wurden schon − 89,5° C gemessen. − 70° C sind im Winter auf dem ostantarktischen Schild normal.

- Im Vergleich der sechs Kontinente ist die Antarktis sowohl der windigste als auch der trockenste (relative Luftfeuchtigkeit nahe 0 Prozent mit 100 Millimeter Jahresniederschlag, vergleichbar einer Wüste), der höchste (mittlere Höhe 2500 Meter − der höchste Berg ist fast 4900 Meter hoch), der hellste (blendende Helligkeit im kurzen antarktischen Sommer) als auch der dunkelste (acht Monate währende Finsternis), der sauberste (keimfreie Luft) und der sensibelste (schon geringe Veränderungen des Lebensraums verursachen irreversible Störungen des Gleichgewichts).

- In der Antarktis finden sich ca. 90 Prozent der weltweiten Eismengen und rund 70 Prozent der Süßwasserreserven der Erde.

- Die Eiskanten der riesigen Gletscher kalben mitunter Eisberge, bei denen bereits Größen von rund 11 000 Quadratkilometern (ca. dreimal so groß wie Mallorca) beobachtet wurden.

- Der teils über 950 Kilometer breite Zirkumpolarstrom ist die größte Wasserbewegung der Erde: Starke Winde treiben das Wasser über fast 23 000 Quadratkilometer um den Kontinent herum − und das mit einer Geschwindigkeit von bis zu 60 Metern in der Minute.

- Die Eismasse der Antarktis ist so schwer, dass sie den Kontinent fast 950 Meter tief in die Erdkruste drückt. Unter der durchschnittlich zwei Kilometer, stellenweise bis zu 4,7 Kilometer dicken Eisschicht gibt es etliche subglaziale Seen, deren seit 15 Millionen Jahren eingeschlossenes Wasser die Wissenschaft noch immer vor ungelöste Rätsel stellt.

Die Antarktis – geographisch betrachtet

In den frühen achtziger Jahren des vergangenen Jahrhunderts setzte ein regelrechter Run der Forscher und Stationsbauer auf die Antarktis ein, die sich angesichts der Rohstoffkrisen ein Mitspracherecht bei der potenziellen Ausbeutung des Kontinents sichern wollten.

Sieben Nationen (Argentinien, Chile, Frankreich, England, Norwegen, Australien, Neuseeland) beanspruchen Land in der Antarktis.

Der „Antarktisvertrag", der am 1. Dezember 1959 von zwölf Regierungen unterzeichnet wurde, regelt das friedliche Miteinander der Nationen und verbietet grundsätzlich eine militärische Nutzung. 1979 unterzeichnete auch die Bundesrepublik Deutschland diesen Vertrag.

II Amundsens Vita

16. Juli 1872	• geboren in der Tomta-Kate bei Borgen, am Eingang des Osloer Fjords
1886	• stirbt sein Vater auf See
1887	• bekommt er die Erfahrungsberichte von Sir Franklin in die Hände
1889	• erlebt er die Rückkehr Nansens von dessen Grönlanddurchquerung
1890	• besteht er die Reifeprüfung • beginnt er sein Studium der Medizin in Oslo
1893	• stirbt seine Mutter • gibt er das Medizinstudium auf
1894	• heuert er als Matrose auf dem Robbenfänger „Magdalene" und bis 1896 noch auf der „Valborg", der „Leon", der „Huldra", der „Jasen" und der „Rhône" an – auf diesen Schiffen fuhr er ins nördliche Eismeer, nach Kanada, Liverpool, Le Havre, Caen und zu den Stränden Afrikas
1895	• besteht er das Steuermannexamen • absolviert er den Militärdienst
1897	• nimmt er Unterricht in Navigation und Französisch
Juni 1897 bis März 1899	• fährt er als Offizier auf der „Belgica" in Richtung Antarktis
1900	• erwirbt er das Kapitänspatent • nimmt er eine Ausbildung in Erdmagnetismus und Meteorologie in Wilhelmshaven und Hamburg auf

1901	• kauft er die „Gjöa", einen ehemaligen Heringsfänger, der mit 29 Jahren ganauso alt ist wie er • hat er sein erstes eigenes Kommando (fünfmonatige Robbenjagd)
1902	• verfolgt er weitere Studien in Wilhelmshaven, Hamburg und Potsdam
Juni 1903 bis Oktober 1906	• durchquert er erfolgreich die Nordwestpassage
1907	• erhält er Nansens Zusage für die „Fram" • unternimmt er Vortragsreisen durch Europa und Vorbereitungen
1908	• gibt er offiziell das Ziel bekannt: Nordpol • unternimmt er eine Vortragsreise durch die USA
9. August 1910	• bricht er zu seiner erfolgreichen Südpolexpedition auf, Rückkehr 7. März 1912

Amundsens Südpolexpedition

1910

9. August	Abfahrt Richtung Süden – mit insgesamt 19-köpfiger Besatzung
6. bis 9. September	Stopp auf Madeira – die Mannschaft erfährt vom neuen (Zwischen-)Ziel „Südpol"

1911

14. Januar	Nach 15 938 Seemeilen Ankunft der „Fram" in der Walfischbucht – 110 Hunde und neun Menschen bleiben an Land
14. Februar	Anlegen des ersten Depots auf 80°
22. Februar	Aufbruch für weitere Depoteinrichtung: 3. März Depot 81° und 8. März 82° – mehr als 1,5 Tonnen Vorräte werden zwischen dem 80. und dem 82. Breitengrad deponiert

21. April	Letztes Mal Sonne für vier Monate – Durchschnittestemperatur von $-38°$ C, Tiefsttemperatur fast $-60°$C
24. August	Rückkehr der Sonne
8. bis 16. September	Fehlstart zum Pol mit acht Männern und sieben Schlitten
20. Oktober	Start mit fünf Männern, vier Schlitten und 48 Hunden
8. Dezember	Erreichen der bisherigen Rekordmarke von Shackleton, $80°\,23'$
15. Dezember	Ankunft gegen 15 Uhr am Südpol
18. Dezember	Start der Rückreise
1912	
26. Januar	Ankunft in Framheim um 4 Uhr morgens – nach 99 Tagen und 1 400 Meilen Fahrt
30. Januar	Aufbruch der „Fram" mit Ziel Hobart, Tasmanien
7. März	Ankunft in Hobart

1913	• hält er Vorträge in USA, Kanada und Europa
1914	• erwirbt er den ersten nichtmilitärischen Pilotenschein Norwegens
1915	• ist er als Reeder erfolgreich
Juli 1918 bis Februar 1922	• fährt er mit der „Maud" durch die Nordostpassage • driftet er erfolglos in Richtung Nordpol
Mai 1923	• missglückt ihm der Arktisflug mit einer Junkers in Wainwright, Alaska
Sommer 1924	• ist er bankrott, nach der Zusammenarbeit mit Haakon H. Hammer

Herbst 1924	• trifft er das erste Mal mit Lincoln Ellsworth zusammen
Mai 1925	• fliegt er mit N24 und N25, zwei Dornier-Wasserflugzeugen, Richtung Nordpol, Notlandung auf 87° 44', Rückkehr am 5. Juli
11. bis 14. Mai 1926	• absolviert er einen 71-stündigen Transpolarflug mit dem Luftschiff „Norge": von Spitzbergen nach Alaska
1927	• schreibt er – zurückgezogen in Uranienborg – „Mein Leben als Entdecker"
25. Mai 1928	• erfährt er als Gast auf einem Empfang vom Absturz Nobiles mit dem Luftschiff „Italia" und den ersten Notsignalen der Überlebenden
18. Juni 1928	• startet er mit einer Latham zu einem Rettungsversuch Nobiles und verschwindet über der Barentsee südlich der Bäreninsel im Nebel

30. August 1928	• entdeckt der Kutter „Brod" vor Torsvaag eine Kufe der Latham
13. Oktober 1928	• findet die „Leif" einen Treibstoffbehälter der Latham

Literaturverzeichnis

Amundsen, Roald: Die Jagd nach dem Nordpol. Mit dem Flugzeug zum 88. Breitengrad, Berlin 1925

Amundsen, Roald: Die Nordwestpassage. Meine Polarfahrt auf der Gjöa 1903 bis 1907, Stuttgart, Wien 2001 (Titel der norwegischen Originalausgabe: Nordvestpassagen. Beretning om Gjoaekspeditionen 1903-1907)

Amundsen, Roald: Mein Leben als Entdecker, Leipzig, Wien 1929

Amundsen, Roald: Meine Reise zum Südpol, in: Zeitschrift der Gesellschaft für Erdkunde in Berlin, Nr. 7/1912, S. 484

Amundsen, Roald: Die Eroberung des Südpols, Band 1 und 2, München 1912

Arnesen, Odd: Roald Amundsen, wie er war, Stuttgart, Berlin, Leipzig 1931

Brennecke, Detlef: Roald Amundsen, Reinbek bei Hamburg 1995

Calic, Edouard: Kapitän Amundsen, Rostock 1961

Calic, Edouard: Roald Amundsen. Der letzte Wikinger, Düsseldorf 1960

Dreyer-Eimbcke, Oswald: Auf den Spuren der Entdecker am südlichsten Ende der Welt, Gotha 1996

Föroter, Hans Albert: Der hohe Pol. Die Entwicklungsgeschichte der Terra Australis, Leipzig 1953

Hanssen, Helmer: Der harte Weg, Wiesbaden 1955 (Titel der norwegischen Originalausgabe: Gjennom Isbaksen. Atten År med Roald Amundsen, Oslo 1953)

Hanssen, Helmer: Minner fra Sydpolsturen, Polar Arboken 1941, S. 17, nach: *Huntford, Roland:* Scott und Amundsen, München 2000

Hedin, Sven: Große Männer denen ich begegnet bin, Wiesbaden 1951 (Titel der schwedischen Originalausgabe: Stormän och Kungar, Stockholm 1950)

Literaturverzeichnis

Holt, Kare: Scott Amundsen – Wettlauf zum Pol (Titel der norwegischen Originalausgabe: Kappl∅pet) Wien, Hamburg 1976 bzw. als Taschenbuch: München 2002

Huntford, Roland (Hrsg.): Die Amundsen-Photographien, Braunschweig 1989 (Titel der englischen Originalausgabe: The Amundsen Photographs. Edited and introducted by Roland Huntford, London 1987)

Huntford, Roland: Scott & Amundsen. Dramatischer Kampf um den Südpol, München 2000 (Titel der englischen Originalausgabe: Scott & Amundsen, London, Sydney, Auckland, Toronto 1979)

Kvam jr., Ragnar: Im Schatten, Die Geschichte des Hjalmar Johansen, des „dritten Mannes" zwischen Fridtjof Nansen und Roald Amundsen, Berlin 1999 (Titel der norwegischen Originalausgabe: Den tredje mann, Oslo 1997)

Marc, Pierre/Novák, Vladimir: Amundsen und Scott am Südpol, Zürich, Kiel, Wien 1992

Messner, Reinhold: Antarktis, Himmel und Hölle zugleich, München, Zürich 1990

Officer, Charles/Page, Jake: Die Entdeckung der Arktis, Berlin 2002 (Titel der amerikanischen Originalausgabe: A Fabulous Kingdom, New York 2001)

Peisson, Edouard: Roald Amundsen. Das seltsame Abenteuer seines Lebens, Weimar 1953 (Titel der französischen Originalausgabe: Poles, Paris)

Reinke-Kunze, Christine: Entdeckungsfahrten in die Polarregionen: Antarktis, Hamburg 1996

Ristvedt, Peter: Minner fra Gjoa-ferden, in: Polarboken 1956, nach: *Huntford, Roland:* Scott & Amundsen, München 2000, S. 63

Stoll, Victor: Die Antarktis, Zürich 1988

Stone, Gregory S.: Expedition in eine Welt aus Eis, in: National Geographic Deutschland, Heft Februar 2002

Sullivan, Walter: Männer und Mächte am Südpol, S. 43, nach: *Reinke-Kunze, Christine:* Entdeckungsfahrten in die Polarregionen: Antarktis, Hamburg 1996, S. 35

Literaturverzeichnis

Weil, Ursula und Otto: Roald Amundsen. Ein Leben für die Polarforschung, Leipzig 1972

Wisting, Oscar: Seksten Ar med Roald Amundsen, Oslo 1930, S. 27, nach: *Huntford, Roland:* Scott & Amundsen, München 2000, S. 285

Zeitschrift der Gesellschaft für Erdkunde zu Berlin, Berlin 1912, Heft Nr. 7: Abdruck des Vortrags „Meine Reise zum Südpol" von Roald Amundsen, gehalten in der Außerordentlichen Sitzung der Gesellschaft am 9. Oktober 1912

Weitere Quellen:

Film „Abenteuer im Eis. Leben und Sterben des Roald Amundsen", Regie: Stig Andersen, Kenny Sanders, 1999

Abbildungsverzeichnis

Fotos: Quellen und Copyrights

Amundsen Roald: Die Eroberung des Südpols 1910-1912. Band 1 und 2, 1912. Bilder auf S. 14, 26, 30/31, 41, 44/45, 56, 62, 72, 92

Amundsen, Roald: Die Jagd nach dem Nordpol: mit dem Flugzeug zum 88. Breitengrad, 1925. Bilder auf S. 128, 146, 176, 183

Amundsen, Roald: Mein Leben als Entdecker, 1929. Bild S. 194

Arnesen, Odd: Roald Amundsen, wie er war, 1931. Bilder S. 108, 116, 218

Calic, Edouard: Kapitän Amundsen, 1961. Bilder S. 118, 213

Calic, Edouard: Roald Amundsen, der letzte Wikinger, 1960. Bilder S. 71, 195

Dreyer-Eimbcke, Oswald: Auf den Spuren der Entdecker am südlichsten Ende der Welt, 1996. Bild S. 226

Huntford, Roland: Die Amundsen-Photographien, 1989. Bilder S. 120, 126, 144, 153, 173, 179, 180, 189, 194

Huntford, Roland: Scott und Amundsen. Dramatischer Kampf um den Südpol, 2000. Bilder S. 12, 20, 22, 109, 117, 137, 138, 142, 153, 156

Peisson, Edouard: Roald Amundsen – Das seltsame Abenteuer seines Lebens, 1953. Bild S. 103

Reinke-Kunze, Christine: Entdeckungsfahrten in die Polarregionen. Antarktis, 1996. Bilder S. 12, 110

Ullstein Bild: Bilder S. 32, 93

Weil, Ursula und Otto: Roald Amundsen: Ein Leben für die Polarforschung, 1972. Bilder S. 19, 27, 36, 37

Stichwortverzeichnis

Antarktis 225 ff.
Anziehungskraft 80
Arbeits-
 -moral 161
 -teilung 176 f.
Arktis 21
Aufgabenverteilung 176
Ausbildung, seemännische 61

Begeisterungsfähigkeit 52
Belgica 24 f., 157
Bennet, Floyd 142, 196
Berechenbarkeit 184
Bescheidenheit 109
Bjaaland, Olav 116, 136, 162, 174 f.
Byrd, Richard 142, 196

Cook, Dr. 25, 70, 82, 157

de Gerlache 82
Detailorientierung 72
Dornier-Flugzeuge 36
Durchsetzungs-
 -kraft 190
 -vermögen 187 ff.

Eigenmotivation 158
Einfühlungsvermögen 184
Einsatz-
 -bereitschaft 83, 211
 -wille 172
Ellsworth, Lincoln 82, 114
Emotionalität 107, 143 ff.
Energie 107, 211

Entscheidung, klare 190
Erdmagnetismus 64
Erfahrungen auf See 24
Erfahrungs-
 -bericht 69
 -wissen, 67 ff.
 -- eigenes 60
Erfolgskompetenz 56
Expeditionen 25

Fachkenntnisse 60
Faszination 209
Feierlichkeit 193
Fitness, 55
 - körperliche 129
Flugboot 111
Framheim 63, 163
Franklin 70
Freiraum 163
Führungs-
 -anspruch 61
 -kompetenz 29, 54, 56, 60
 -kraft 156
 -praxis, gelebte 222
 -verständnis 153 ff.

Geldsorgen 209
Genauigkeit 67
Gerechtigkeit 109
Geschick, psychologisches 183
Gjöa 28, 126
Glaubwürdigkeit 208
Glück 202 ff.
Gnädigkeit 109

Grönlanddurchquerung 22
Gründlichkeit 211
Grundsätze 107, 109ff.

Hansen, Godfred 132
Hanssen, Helmer 33, 125, 137, 162, 174
Hassel 125, 162, 179
Herausforderungen, Lust auf 107
Herkunft 19
Hundeschlitten 24, 40

Identifikation 94
Individualität 152
Innovationskraft 72
Integrationsfähigkeit 83
Intuition 107
Isoliertheit 147

Johansen, Hjalmar 119, 162, 175, 208

Kapitänspatent 26
Kolumbus 135
Kompetenz-
-aufbau, zielgerichteter 65
-modell 54
Kompetenzen 81, 94
Komplexität 61

Latham(-) 38
 -Maschine 214
Leben als Entdecker 40
Leidenschaft 40, 50
Leistungsfähigkeit 81
Lern-
-chancen 69
-vermögen 60, 70

Lernen, problemorientiertes 75
Loyalität 191
Luftschiff, 40
- Italia 38, 118
- Norge 37, 142
Lund, Anton 125

Management der Vorräte 76
Maßhaltigkeit 109
Maud 33f., 209
Meteorologie 64
Methoden-
-kompetenz 77
-wissen 59, 76ff.
Misserfolg 202
Motivation(s-) 86f.
-faktor 97
-kraft 40

Nachsicht 109
Nansen 70, 112
Nehmerqualitäten 138
Networking 94
Neugier 172
Nilsen, Thorvald 173
Nobile, Umberto 38, 42
- Rettungsversuch für 214
Nordostpassage 9, 32ff.
Nordpol, 29, 35ff.
- geografischer 28
- Überquerung des 36
Nordwestpassage 11, 26ff., 156
Not(-),
- finanzielle 203
-landung 164

Offenheit 87
Optimismus 165
Ordnung, klare 180
Orientierung 91

Peary, Robert 70, 82, 155
Perfektion 173
Personalrekrutierung 172
Persönlichkeitskompetenz 105
Pflichtgefühl 112
Pilotenschein, ziviler 32
Planung(s-), 88
- perfekte 171
-kompetenz 29, 221
Polarforschung 23
Polheim 41
Praxiserfahrung 50
Prestrud 162
Projekt-
-managementkompetenz 77
-manager 15
-ziel 93

Regeneration 100
Reserven 89
Ressourcen 67, 84ff
-einsatz 95
- Umgang mit 43
Riiser-Larsen 114
Risiko 90

Sachkompetenz 55, 57ff.
Scott 117
Selbst-
-bewusstsein 18, 107
-kompetenz 55, 103ff.
-studium 62
Shackleton 117, 70

Sicherheitsmargen, kalkulierte 76
Skorbut 25
Sozialisation 60
Sozialkompetenz 56,151ff.
Südpol(-) 29, 225ff.
-eroberung 79, 122
-expedition 39
Sundbeck, Knut 174

Tatkraft 172
Teamgeist 165
Transferimpuls 199
Transportmittel 84
Treue 109

Unruhe, innere 135

Verantwortungs-
-gefühl 197
-zone 163
Verlässlichkeit 191
Verletzbarkeit 147
Verpflegungsplanung 120
Vertrauen(s-) 163
-bildung 181
Verwirklichung 152
Vorbereitung 88
Vorbilder 48, 160
Vorratslager 58
Vorstellung, klare 128
Vortragsreise 28, 122

Wahrhaftigkeit 109
Weiterbildung der Mannschaft 88
Weitsicht 40, 70, 72, 166
Werte(-) 107, 109ff.
-katalog 49
-kodex 119

Wertschätzung 193ff.
Wettbewerb 165
Wettkampf 107
Willenskraft 55, 107, 130
Wissen(s-) 58
-management 60, 70f.
Wisting, Oscar 33, 162, 164, 179, 193

Zeppelin 42
Ziele, 46f., 51f., 79ff., 86f.
- wirtschaftliche 46
Ziel-
-orientierung 40, 49
-strebigkeit 203
Zuständigkeit 180
Zuverlässigkeit 109
Zuversicht 107, 172
Zwischenziele 43, 95